# 读懂中国经济的
# 优势和未来

主编 程 勤
　　　吴 冰　彭克慧
副主编
　　　姚 芳　邵 珣

图书在版编目（CIP）数据

读懂中国经济的优势和未来 / 程勤主编 . -- 北京：东方出版社，2025.5.
ISBN 978-7-5207-4471-3

Ⅰ . F124

中国国家版本馆 CIP 数据核字第 2025UB6093 号

读懂中国经济的优势和未来
DUDONG ZHONGGUO JINGJI DE YOUSHI HE WEILAI

| 主　　编： | 程　勤 |
|---|---|
| 责任编辑： | 孔祥丹 |
| 责任校对： | 曾庆全 |
| 出　　版： | 东方出版社 |
| 发　　行： | 人民东方出版传媒有限公司 |
| 地　　址： | 北京市东城区朝阳门内大街 166 号 |
| 邮　　编： | 100010 |
| 印　　刷： | 三河市中晟雅豪印务有限公司 |
| 版　　次： | 2025 年 5 月第 1 版 |
| 印　　次： | 2025 年 5 月北京第 1 次印刷 |
| 开　　本： | 710 毫米 ×1000 毫米　1/16 |
| 印　　张： | 17.5 |
| 字　　数： | 180 千字 |
| 书　　号： | ISBN 978-7-5207-4471-3 |
| 定　　价： | 68.00 元 |
| 发行电话： | （010）85924663　85924644　85924641 |

版权所有，违者必究

如有印装质量问题，我社负责调换，请拨打电话：（010）85924602　85924603

# 目 录

**第一章 2024年经济工作情况和当前形势研判** / 1

　一　经济社会发展主要目标任务顺利完成 / 4

　二　中国式现代化迈出新的坚实步伐 / 8

　三　社会信心有效提振，经济运行稳中有进 / 14

　四　长期向好的支撑条件和基本趋势没有变 / 18

**第二章 党中央集中统一领导是做好经济工作的根本保证** / 23

　一　习近平经济思想是做好新时代经济工作的
　　　行动指南 / 26

　二　党中央在关键时刻、重要节点及时研判形势，作出
　　　决策部署 / 29

　三　不断把党领导经济工作的制度优势转化为
　　　治理效能 / 33

　四　做到五个"必须统筹好" / 39

# 第三章　2025 年经济工作总体要求与决策部署　/　45

一　坚持稳中求进，保持经济稳定增长　/　48

二　实施更加积极的财政政策　/　54

三　实施适度宽松的货币政策　/　59

四　打好政策"组合拳"　/　62

# 第四章　大力提振消费，提高投资效益，全方位扩大国内需求　/　65

一　实施提振消费专项行动　/　68

二　加力扩围实施"两新"政策　/　76

三　更大力度支持"两重"项目　/　78

四　大力实施城市更新　/　80

# 第五章　以科技创新引领新质生产力发展，建设现代化产业体系　/　85

一　开展"人工智能+"行动　/　88

二　加强国家战略科技力量建设　/　93

三　健全多层次金融服务体系　/　97

四　综合整治"内卷式"竞争　/　101

## 第六章 发挥经济体制改革牵引作用，推动标志性改革举措落地见效 / 107

一 高质量完成国有企业改革深化提升行动 / 110

二 出台民营经济促进法 / 115

三 制定全国统一大市场建设指引 / 118

四 深化资本市场投融资综合改革 / 123

## 第七章 扩大高水平对外开放，稳外贸、稳外资 / 127

一 有序扩大自主开放和单边开放，稳步扩大制度型开放 / 130

二 积极发展服务贸易、绿色贸易、数字贸易 / 134

三 深化外商投资促进体制机制改革 / 140

四 推动高质量共建"一带一路"走深走实 / 142

## 第八章 有效防范化解重点领域风险，牢牢守住不发生系统性风险底线 / 145

一 持续用力推动房地产市场止跌回稳 / 148

二 加力实施城中村和危旧房改造 / 153

三 推动构建房地产发展新模式 / 158

四 稳妥处置地方中小金融机构风险 / 161

## 第九章 统筹推进新型城镇化和乡村全面振兴，促进城乡融合发展 / 165

一 严守耕地红线，严格耕地占补平衡管理 / 168

二 提高农业综合效益和竞争力 / 173

三 保护种粮农民和粮食主产区积极性 / 177

四 发展现代化都市圈 / 181

## 第十章 加大区域战略实施力度，增强区域发展活力 / 187

一 发挥区域协调发展战略、区域重大战略、主体功能区战略的叠加效应 / 190

二 支持经济大省挑大梁，鼓励其他地区各展所长 / 195

三 深化东、中、西、东北地区产业协作 / 198

四 大力发展海洋经济和湾区经济 / 202

## 第十一章 协同推进降碳减污扩绿增长，加紧经济社会发展全面绿色转型 / 207

一 进一步深化生态文明体制改革 / 210

二 加快"沙戈荒"新能源基地建设 / 212

三 推动全国碳市场建设 / 215

四 持续深入推进蓝天、碧水、净土保卫战 / 219

五 加强自然灾害防治体系建设 / 221

第十二章 **加大保障和改善民生力度，增强人民群众获得感、幸福感、安全感** / 225

　一　实施重点领域、重点行业、城乡基层和中小微企业就业支持计划 / 228

　二　落实好产业、就业等帮扶政策 / 233

　三　实施医疗卫生强基工程 / 236

　四　加强公共安全系统施治 / 238

第十三章 **确保决策部署落到实处** / 245

　一　强化正向激励 / 248

　二　切实为基层松绑减负 / 252

　三　坚持求真务实 / 256

　四　增强协调联动，形成抓落实合力 / 260

后　记 / 265

第一章

# 2024 年经济工作情况和当前形势研判

# 第一章
## 2024 年经济工作情况和当前形势研判

2024 年中央经济工作会议全面总结了 2024 年经济工作，并在深刻分析当前经济形势的基础上对 2025 年经济工作进行了系统部署。2024 年是我国经济发展不平凡的一年，虽然全年我国经济发展所面对的外部环境变化带来的不利影响加深，国内经济运行面临相当大的困难和挑战，但我国经济长期向好的支撑条件和基本趋势没有变。我们必须充分认识当前的经济形势及经济工作，珍惜成绩、正视困难、坚定信心，通过不懈努力把各方面积极因素转化为发展实绩，实现 2025 年经济增长目标，开创事业发展新局面。

# 一

## 经济社会发展主要目标任务顺利完成

2024年是实现"十四五"规划目标任务的关键一年。虽然2024年我国经济发展所面对的外部压力加大、内部困难增多，但总的来说，2024年中国经济走过的历程很不平凡，取得的成绩令人鼓舞，尤其是对标2024年3月十四届全国人大二次会议表决通过的《政府工作报告》中提出的2024年主要预期发展目标，可以说经济社会发展主要目标任务顺利完成。

国民经济运行总体平稳，经济增长率目标预期完成。党的二十大报告提出的关于全面建成社会主义现代化强国分两步走的总的战略安排，其中"第一步"要求"从二〇二〇年到二〇三五年基本实现社会主义现代化"。这个"第一步"战略安排对我国经济领域建设方面的量的要求就是在经济总量上2035年要比2020年翻一番，换算一下也就是2020—2035年这16年内我国的年均国内生产总值要保持5%左右的增速。因此，2024年《政府工作报告》提出2024年国内生产总值增长率目标为5%左右。这个目标能否实现呢？从总量数据来看，2024年国内生产总值为1349084亿元，按不变价格计算，同比增长率为5.0%。再细化一下，2024年第一季度经济增长率为5.3%，第二季度经济增长率为4.7%，第三季度经济增长率为4.6%，第四季度经济增长率为5.4%。[①]2024年，面对复杂严峻的形势，在以习近平同志为核心的党中央坚强领导下，各地区各部门深入贯彻落实党中央、国务院决策部署，坚持稳中求进工作总基调，完整准确全面贯彻新发展理念，加快构建新发展格局，扎实推动高质量发展，国民经济运行总体平稳、稳中有进，高质量发展取得新进展，特别是及时部署出台一揽子增量政策，推动社会信心有效提振、经济明显回升，经济社会发展主要目标任务顺利完成。

就业物价总体稳定，民生保障目标预期完成。2024年《政府工作报告》就民生保障提出的核心目标聚焦在三个方面，分别是：城镇新增就业1200万人以上，城镇调查失业率5.5%左右；居民消费价格涨幅3%左右；居民收入增长和经济增长同步。[②]从2024年经济运行总体情况来看，2024年全国城镇调查失业率平均值为5.1%，全年就业总体形势保持稳定；2024年居民消费价格指数比2023年上涨0.2个百分点，居民消费价格总体平稳，核心居民价格小幅上涨；2024年全国居民人均可支配收入为41314元，比2023年名义增长5.3%，扣除价格因素后实际增长率为5.1%。再细化一下，将全

---

[①] 参见《2024年经济运行稳中有进 主要发展目标顺利实现》，国家统计局网站2025年1月17日。

[②] 参见李强：《政府工作报告——二〇二四年三月五日在第十四届全国人民代表大会第二次全体会议上》，《人民日报》2024年3月13日。

**读懂中国经济的优势和未来**

↑ 2024 年我国国民经济运行总体平稳,经济总量平稳扩大。图为 2025 年 1 月 9 日繁忙的山东港口青岛港前湾集装箱码头　中新图片 / 韩加君

国居民按常住地分为城镇居民和农村居民，则城镇居民人均可支配收入为54188元，扣除价格因素比2023年实际增长4.4%，而农村居民人均可支配收入为23119元，扣除价格因素比2023年实际增长6.3%[①]，高出城镇居民人均可支配收入增长率1.9个百分点，显然2024年全年我国居民收入呈继续增长态势，而且农村居民收入增长速度要快于城镇居民。综合分析上述三大核心指标，可以说，2024年就业形势总体稳定、民生保障扎实有力，民生保障三个方面核心目标顺利完成。

碳达峰碳中和任务稳妥推进，绿色低碳转型目标预期完成。2024年《政府工作报告》将"加强生态文明建设，推进绿色低碳发展"列为2024年政府工作的重点任务之一，针对性地提出了"单位国内生产总值能耗降低2.5%左右，生态环境质量持续改善"的具体目标。可以说，这一指标既充分考虑了我国经济社会发展用能的实际需要，又综合兼顾了绿色低碳转型可再生能源替代的环保需要，是有力推进我国能源高质量发展的一个重要举措。从2024年经济运行总体情况来看，我国能源高质量发展进展良好。这表现在：一方面，非化石能源发电量全年均保持高速增长，有力保障了我国发展所需能源的高质量供给；另一方面，非化石能源的消费占比也在显著提升。据初步测算，2024年我国全社会能源消费总量同比增

---

[①] 参见《2024年经济运行稳中有进　主要发展目标顺利实现》，国家统计局网站2025年1月17日。

长 4.2%。随着能源消费绿色低碳转型进程加快，非化石能源占能源消费总量的比重稳步提升，比 2023 年提高 1.8 个百分点；煤炭比重下降 1.6 个百分点，石油下降 0.5 个百分点，天然气上升 0.3 个百分点。[①] 值得注意的是，作为绿色产品典型代表的新能源汽车、锂电池等产品全年产量均保持高速增长，增长速度一直稳定在两位数左右。可以说，2024 年碳达峰碳中和任务稳妥推进，我国经济发展的"含绿量"明显升高，绿色低碳转型目标预期完成。

## 二

## 中国式现代化迈出新的坚实步伐

党的二十大明确了新时代新征程党的中心任务，对推进中国式现代化作出了战略部署。2024 年全年推进中国式现代化中心任务取得不平凡的成绩，新质生产力稳步发展，改革开放持续深化，重点领域风险化解有序有效，民生保障扎实有力，中国式现代化迈出新的坚实步伐。[②]

---

① 参见《中国经济运行稳中有进——国家统计局相关部门负责人解读 2024 年主要经济数据（上）》，《经济日报》2025 年 1 月 18 日。

② 参见《中央经济工作会议在北京举行》，《人民日报》2024 年 12 月 13 日。

# 第一章
## 2024年经济工作情况和当前形势研判

新质生产力稳步发展，为推动高质量发展、推进中国式现代化注入全新动力。新质生产力夯实中国式现代化的物质基础。发展新质生产力，对推进中国式现代化具有重大战略意义。2023年9月，习近平总书记在黑龙江考察时提出，整合科技创新资源，引领发展战略性新兴产业和未来产业，加快形成新质生产力。2024年1月，习近平总书记在主持二十届中共中央政治局第十一次集体学习时又指出，"发展新质生产力是推动高质量发展的内在要求和重要着力点"[①]，并明确要求通过科技创新来催生新质生产力发展所需的新产业、新模式、新动能。2024年7月召开的党的二十届三中全会则从体制机制层面深入研究了新质生产力的发展机理，进一步要求"健全因地制宜发展新质生产力体制机制"。按照党中央的系列决策部署，2024年以来，各地区各部门切实推动科技创新和产业升级的深度融合，加快促进经济结构的优化，新质生产力获得稳步发展。从相关经济数据来看，2024年，我国规模以上装备制造业增加值同比增长7.7个百分点，规模以上高技术制造业增加值同比增长8.9个百分点。[②] 明显地，2024年以来，我国产业结构在优化升级，新动能在加快成长。同时，2024年，我国高技术制造业投资同比增长7.0

---

① 习近平：《发展新质生产力是推动高质量发展的内在要求和重要着力点》，《求是》2024年第11期。

② 参见《2024年经济运行稳中有进 主要发展目标顺利实现》，国家统计局网站2025年1月17日。

读懂中国经济的优势和未来

↑ 2024 年以来,新质生产力获得稳步发展,中国式现代化加速前进。图为 2024 世界机器人大会上人形机器人在演示采摘水果　中新图片 / 张宇

个百分点，高技术服务业投资同比增长10.2个百分点。①现代产业投资增长速度很快，新质生产力在成长壮大。另外，2024年，我国信息传输、软件和信息技术服务业增加值以两位数的速度在持续增长，其增长速度远高于全部服务业的增长速度，新质生产力稳步推进所需的数实融合基础也在不断夯实。

进一步全面深化改革开放，为推动高质量发展、加快推进中国式现代化持续注入强大动力。改革开放是当代中国大踏步赶上时代的重要法宝，是决定中国式现代化成败的关键一招。习近平总书记明确指出，"实现新时代新征程的目标任务，要把全面深化改革作为推进中国式现代化的根本动力"②。党的二十届三中全会为进一步推进中国式现代化，提出了一揽子改革措施，将全面深化改革持续向纵深推进。一是进一步部署构建全国统一大市场的重大改革举措，加快了构建全国统一大市场的进程。在全国统一大市场建设的持续推动下，2024年以来，我国国内市场规模明显不断扩大，市场结构进一步优化，市场配置资源的效率也在持续提高，加快构建全国统一大市场的改革质效进一步增强了我国走中国式现代化道路的底气。二是为适应我国人口发展新形势和充分开发利用人力资源，提出按照自愿、弹性原则，稳妥有序推进渐进式延迟法定退休年龄

---

① 参见《中国经济运行稳中有进——国家统计局相关部门负责人解读2024年主要经济数据（上）》，《经济日报》2025年1月18日。

② 习近平：《全面深化改革开放，为中国式现代化持续注入强劲动力》，《求是》2024年第10期。

改革。2024年9月稳妥有序开启实施渐进式延迟法定退休年龄改革。这一改革不仅可以充分挖掘我国劳动力供给的潜力，还有利于进一步提升我国劳动力供给的质量，积极推动我国从人口红利向人力资源红利的转变，实现人口高质量发展的中国式现代化。三是对完善高水平对外开放体制机制作出系统部署，一年来从实施自由贸易试验区提升战略到加快建设海南自由贸易港，我国高水平对外开放取得了积极成效，为中国式现代化拓展了发展空间。

重点领域风险化解有序有效，为推动高质量发展、加快推进中国式现代化提供了坚实保障。统筹发展和安全是我们党治国理政的一条重要原则。当前和今后一个时期是以中国式现代化全面推进强国建设、民族复兴伟业的关键时期，扎实推进中国式现代化需要有效应对前进道路上的各种风险挑战，努力构建高质量发展和高水平安全良性互动的新安全格局。党的二十届三中全会提出，"要统筹好发展和安全，落实好防范化解房地产、地方政府债务、中小金融机构等重点领域风险的各项举措"[1]。按照党的二十届三中全会的整体部署，各地区各部门科学谋划、多措并举，稳妥有序化解和处置地方政府债务的存量风险，持续有效防范和化解房地产、金融等重点领域风险。从统计数据来看，2024年10月和11月全国商品房成交量已连续两个月实现了同比正增长及环比正增长，房地产市场止跌回稳初见成效；从地方政府债务的存量数额和债务结构来看，政府

---

[1]《中共二十届三中全会在京举行》，《人民日报》2024年7月19日。

隐性债务存量数额已逐步缩减，同时，央地债务结构也在逐渐优化，地方政府债务化解工作取得了明显实效。重点领域风险化解有序有效，中国式现代化有效推进所需的安全发展基础正在不断巩固夯实。

民生保障扎实有力，中国式现代化建设成果正在更多更公平地惠及全体人民。中国式现代化，民生为大。推进中国式现代化的一项重大任务就是要在发展中积极保障和改善民生，因此党的二十届三中全会对进一步深化民生领域改革作出了全面部署。按照党的二十届三中全会的整体部署，各地区各部门始终牢牢坚持以人民为中心，全力解决好人民群众普遍关心的就业问题、医疗问题、养老问题、教育问题、社保问题等，努力补齐民生领域中的各种短板，加快织密和织牢事关人民群众美好生活需要的民生保障网。2024年10月，国务院出台了一系列推进普惠托育服务体系建设的措施。民政部门则顺应人民群众老有所养的热切期待，积极开展社区和居家基本养老服务提升行动，持续提升老百姓的养老保障水平。卫生健康部门聚焦持续提升基层医疗服务能力，积极探索紧密型县域医疗卫生共同体建设，让群众在基层享有更便捷、更优质的检查诊断服务。总的来说，2024年全年，在群众普遍关心的医疗、教育、养老等民生实事上，各项基础性、兜底性、普惠性民生保障建设正在大力推进，民生保障方面取得一系列成就，中国式现代化推进更有温度。

## 三

## 社会信心有效提振，经济运行稳中有进

沉着应变、综合施策，是 2024 年经济工作的鲜明写照。推进中国式现代化是一项全新事业，在这一征途中必定会遭遇各种大风大浪，遇到各种风险挑战。综合考量我国发展面对的国内外复杂严峻形势，可以客观地说，2024 年我国的发展历程很不平凡。

从经济数据来看，2024 年中国经济发展是稳中有进的。这表现在：第一季度开局良好，一方面，国民经济起步平稳，第一季度 GDP 同比增长率为 5.3%，在 2023 年第四季度经济增长率 5.2% 的基础上得到进一步回升；另一方面，消费、投资、进出口等生产需求各项指标稳中有进，展现出全年回升向好态势。然而值得注意的是，2024 年以来，我国发展面对的是世界百年未有之大变局加速演进背景下的"外部压力加大、内部困难增多的复杂严峻形势"。一是外部环境变乱交织，风险挑战增多，全球经济增长动能不足，特别是个别国家对我国遏制打压持续加码；二是我国国内经济发展正处在结构调整转型的关键阶段，国内有效需求不足，新旧动能转换存在阵痛，重点领域风险隐患仍然较多。严峻复杂的国际

环境，叠加国内周期性矛盾和结构性矛盾，2024年第二季度开始，我国经济下行压力开始加大，经济增速也随之回落。面对2024年第二季度、第三季度我国主要经济指标增速回落，经济运行下行压力加大，整体经济形势呈现出的"前高、中低"态势，以习近平同志为核心的党中央深入分析、准确研判、科学决策，召开了一系列重要会议，部署了一系列重大举措。特别是2024年9月26日，中共中央政治局召开会议专门分析研究当前经济形势和经济工作，强调"全面客观冷静看待当前经济形势，正视困难、坚定信心"[①]，并果断部署了一揽子增量政策。2024年我国经济自第四季度开始筑底回升，明显走出了一道"后扬"的弧线。

"两重""两新"政策协同发力有效释放了内需潜力。2024年《政府工作报告》提出，从2024年开始发行超长期特别国债，专门用于支持国家重大战略实施和重点领域安全能力建设。2024年7月，国家发展改革委和财政部也同步出台了若干措施，力图加大力度支持国内大规模设备更新以及消费品以旧换新。从这两项政策的实施效果来看，"两新"政策对拉动内需发挥了明显的支持作用。数据显示，2024年全年汽车报废更新超过290万辆，置换更新超过370万辆，带动汽车销售额9200多亿元，超过3600万名消费者购买了8大类家电产品5600多万台，带动销售额2400亿元。家装厨卫"焕新"带动销售相关产品近6000万件，销售额约1200亿元，

---

[①]《分析研究当前经济形势和经济工作》，《人民日报》2024年9月27日。

电动自行车以旧换新超过138万辆，带动新车销售超过37亿元。[①]而"两重"项目作为投资的重要内容，则有力拉动了国家重点领域投资和设备更新投资。数据显示，2024年，国家水利管理业的投资增长率达到41.7%，电力、热力、燃气及水生产和供应业投资增长率达到23.9%，设备工器具购置投资增长率达到15.7%。[②]

一揽子财政货币逆周期调节政策有效改善了市场预期。2024年初，按照2023年中央经济工作会议实施积极财政政策和稳健货币政策的要求，财政部加大财政政策力度，出台了包括扩大财政支出规模、优化税费优惠政策等一揽子逆周期调节政策。2024年9月26日召开的中共中央政治局会议，针对当前经济形势又进一步作出了加大财政货币政策逆周期调节力度的决策，继续推出一揽子有针对性的增量政策举措。从政策实施效果来看，2024年以来的一揽子密集且大力度的财政货币逆周期调节政策，对国民经济发展的基本面以及市场预期均明显起到支撑作用，尤其是企业经营信心普遍有所增强。数据显示，2024年9月以来，制造业采购经理指数（PMI）呈持续回升态势，特别是2024年11月的数值达到了50.3%。[③]再联系10月的数值可以看出，我国制造业PMI已连续两个月处于景气区间，制造业呈现出明显扩张态势。在一揽子财政货

---

[①] 参见谢希瑶、魏玉坤：《2024年消费品以旧换新成效如何？商务部回应来了》，新华网2025年1月8日。

[②] 参见《中国经济运行稳中有进——国家统计局相关部门负责人解读2024年主要经济数据（上）》，《经济日报》2025年1月18日。

[③] 参见刘志强：《十一月份经济运行延续回升态势》，《人民日报》2024年12月17日。

币逆周期调节政策的持续刺激下，非制造业的景气水平也同步明显提高。数据显示，2024年11月我国消费品行业PMI为50.8%，比10月上升了1.3个百分点[①]，12月为51.4%，比11月又上升了0.6个百分点[②]。尤其值得注意的是，在一揽子财政货币逆周期调节政策推动下，市场情绪快速回暖。第四季度国内生产总值（GDP）同比增长5.4%，比第三季度增长0.8个百分点，为顺利实现全年经济发展预期目标作出了决定性贡献。

回看2024年中国经济，从开局良好的第一季度，到下行压力加大的第二季度、第三季度，再到回升势头增强的第四季度，显然2024年全年中国经济发展走出了一条"前高、中低、后扬"的曲线。一年来的发展历程很不平凡，成绩令人鼓舞，社会信心有效提振，经济明显回升。

---

[①] 参见《11月份制造业采购经理指数扩张加快——国家统计局服务业调查中心高级统计师赵庆河解读2024年11月中国采购经理指数》，国家统计局网站2024年11月30日。

[②] 参见《12月份制造业采购经理指数连续三个月位于扩张区间 非制造业商务活动指数明显回升——国家统计局服务业调查中心高级统计师赵庆河解读2024年12月中国采购经理指数》，国家统计局网站2024年12月31日。

## 四

## 长期向好的支撑条件和基本趋势没有变

习近平总书记强调："做好明年经济工作，首先必须坚定必胜信心。"[①]2024年中央经济工作会议指出，我国经济基础稳、优势多、韧性强、潜能大，长期向好的支撑条件和基本趋势没有变。这是我们的基本判断。

我国积累的雄厚物质基础，构成我国经济发展的稳固底盘。自1949年新中国成立以来，中国人民努力奋斗，我国经济建设取得了巨大成就。尤其是改革开放40多年的飞速发展，我国无论是经济总量还是工业实力都积累了雄厚物质基础。这突出表现在两个方面。一是规模巨大的经济体量。统计数据显示，2024年我国国内生产总值达1349084亿元[②]，按不变价格计算，我国目前的经济总量已是1952年的1900多倍。毫无疑问，中国是世界大国中保持经济高速增长时间最长的大国。2023年，我国经济总量占世界的比

---

[①]《中共中央召开党外人士座谈会》，《人民日报》2024年12月10日。

[②] 参见《2024年经济运行稳中有进　主要发展目标顺利实现》，国家统计局网站2025年1月17日。

重已升至17%左右，经济规模自2010年超过日本以来就一直稳居世界第二。我国目前一直保持全球货物贸易第一大国，也是全球制造业第一大国，我国商品消费规模目前位居全球第二，外汇储备仍稳居全球第一。根据世界银行数据和划分标准，我国人均国民总收入已突破高收入经济体门槛13845美元的下限，即将步入高收入国家行列。二是完整的产业体系和强大的产业配套能力。我国是世界上唯一拥有联合国产业分类中所列全部工业门类的国家，41个工业大类、207个工业中类和666个工业小类，中国一个不缺。2010年起我国制造业增加值开始稳居世界首位，从2018年起我国200多种工业品产量开始长期居世界第一位。我国用短短几十年的时间走完了发达国家几百年所走的工业化历程，当前已具备完善的产业体系、强大的产业配套能力。

我国经济发展具有"四大优势"，构成了经济持续向好的有利条件。习近平总书记指出，我国经济发展具有"四大优势"，即社会主义市场经济的体制优势、超大规模市场的需求优势、产业体系配套完整的供给优势、大量高素质劳动者和企业家的人才优势。[①] 其中，社会主义市场经济体制将市场经济体制与社会主义制度相结合，既能发挥出市场经济的效率优势，有效克服市场经济的不足，又能从社会整体和长远利益出发有效配置资源，集中力量办大事，

---

① 参见习近平：《同心协力 共迎挑战 谱写亚太合作新篇章——在亚太经合组织工商领导人峰会上的书面演讲》，《人民日报》2023年11月18日。

发挥出社会主义制度的优越性。而作为超大规模经济体，我国所拥有的巨大经济体量、产业配套能力和人力资源可以充分发挥出国内超大规模市场优势。事实已证明，市场是最稀缺的资源。在世界百年未有之大变局加速演进、我国发展面临的不确定性明显增强的当下，超大规模市场所具有的国内经济稳定优势、经济自立优势和对外黏合力优势以及塑造我国国际竞争新优势等，已逐渐成为我国参与国际竞争可依靠的战略资源，成为支撑我国经济稳中向好、长期向好的重要因素。

超大规模市场优势和内需潜力，构成了我国经济运行的更强韧性和更大潜能。相比较小规模经济体的"小池塘"市场，我国所拥有的超大规模市场则是"大海洋"。只有"汪洋大海"才能经受住"狂风骤雨"。一方面，超大规模市场给予我国通过内部分摊方式降低冲击强度的腾挪余地。中美战略博弈以来，我国经济增长面临的压力一定程度上正是通过强大国内市场吸收和分摊的；另一方面，超大规模市场也意味着发展的多样性和异质性。相对而言，我国东中西部各地区经济发展程度不同，地区间要素禀赋、成本以及地区支柱产业有较大差异，这种发展的多样性和异质性不仅使来自外部市场的冲击难以形成对国内各区域和产业的共振效应，还提供了我国国内区域间进行"雁阵模式"产业转移和升级的可能性。因此，超大规模经济体经济发展的稳定性更强。同时，超大规模经济体所拥有的庞大内需也带来经济发展的更大潜力空间和内需动力。

总而言之，坚持用全面、辩证、长远的眼光认识经济发展大势，就能清楚看到我国经济长期向好这一大趋势大逻辑。相比较面临的困难和挑战，我国经济发展所拥有的长期向好的有利条件更多。虽然站在一时一地看我国经济发展，有复杂多变的内外部环境和经济数据的短期波动，但我国经济发展长期向好的基本趋势并没有改变，因此，我们要增强信心和底气。

◂ 第 二 章 ▸

# 党中央集中统一领导是做好经济工作的根本保证

## 第二章
### 党中央集中统一领导是做好经济工作的根本保证

  2024年中央经济工作会议强调，党中央集中统一领导是做好经济工作的根本保证，在关键时刻、重要节点，党中央及时研判形势、作出决策部署，确保我国经济航船乘风破浪、行稳致远。当前，在复杂多变的国内外经济形势下，党中央的判断力、决策力和行动力对做好经济工作具有决定性作用。坚持党中央对经济工作的集中统一领导，是抵御重大风险挑战的根本依靠，是确保党和国家的经济政策精准落实的基石，是实现国家战略目标的保障，是实现中华民族伟大复兴的根本保证。

一

# 习近平经济思想
# 是做好新时代经济工作的行动指南

习近平经济思想从中国经济社会发展的伟大实践中来，又在实践中得到丰富和完善。习近平经济思想为中国经济持续健康发展、全面深化改革、扩大高水平对外开放、实现共同富裕以及应对全球性挑战，实现中国经济高质量发展提供了坚实理论支撑、实践指引。

习近平经济思想指引中国经济持续健康发展。在习近平经济思想引领下，我国针对经济结构问题，充分发挥市场优胜劣汰和自由选择机制，前瞻性培育战略性新兴产业，有重点地扶持主导产业和高新技术产业，着力构建以国内大循环为主体、国内国际双循环相互促进的新发展格局。面对城乡和区域结构失衡，加强宏观调控，综合运用多种政策手段，打破市场经济环境下后发展地区发展要素稀薄的魔咒。在外部冲击面前，通过强大的应对能力，有效增强市场信心，缓解经济下行压力。

习近平经济思想引领经济高质量发展。创新、协调、绿色、开放、共享的新发展理念，在习近平经济思想中占有重要位置。发展的第一动力是创新，创新发展注重解决发展动力问题，面对我国创新能力不强，科技对经济社会发展的支撑能力不足，需提高科技创新对经济增长的贡献率。发展的内在要求是协调，协调发展注重解决发展不平衡问题，我国长期存在发展不协调问题，需注重发展的整体效能。永续发展的必要条件是绿色，绿色发展注重解决人与自然和谐问题，面对我国资源约束趋紧、环境污染严重等问题，需加强环境保护。发展的必由之路是开放，开放发展注重解决内外联动问题，需提高对外开放质量。发展的本质要求是贡献，共享发展注重解决社会公平正义问题，需关注我国经济发展中存在分配不公等问题，完善共享改革发展成果的制度和实践。

习近平经济思想明确全面深化改革的行动指向。在习近平经济思想指引下，我们牢牢把握住当前我国经济体制变革、社会结构变动、利益格局调整等内外因素，遵循从局部到全局、从重点到整体的路径，正确处理改革发展稳定的关系，坚持把改革力度、发展速度和社会可承受程度统一起来，把改善人民生活作为处理三者关系的结合点，充分发挥市场在资源配置中的决定性作用，更好发挥政府作用，进行包括经济体制、产权制度、国有企业、金融体制、财税体制等领域在内的关键重点改革，着力破解深层次体制机制障碍和结构性矛盾，推动生产关系和生产力、上层建筑和经济基础更好地相适应，有序推进改革，实现经济社会快速发展，持续为中国式现代化注入强劲动力。

习近平经济思想为破解全球经济发展难题提供了中国方案、中

**读懂中国经济的优势和未来**

↑ 2024 年，在习近平经济思想指引下，党中央总揽全局、沉着应变，全面深化改革开放，加大宏观调控力度，经济运行总体平稳、稳中有进，高质量发展扎实推进，我国经济社会发展取得新的重大成就。图为安徽省芜湖市芜湖埃科动力系统有限公司奇瑞 C-DM 超级动力智能生产线　中新图片 / 肖本祥

国智慧、中国力量。在习近平经济思想指引下，中国以开放合作共赢精神，开创性提出共建"一带一路"倡议、全球发展倡议、全球安全倡议等，主动发展与共建"一带一路"国家和周边国家的经济合作伙伴关系，积极探索国际合作以及全球治理新模式，着眼维护全球自由贸易体系和开放型世界经济，提出构建人类命运共同体理念，致力于人类社会共同理想和美好追求，不断为世界和平发展注入新的正能量。

站在新的历史起点上，习近平经济思想深刻解答时代发展提出的新课题，是我们党和国家应对风险挑战、做好经济工作的强大思想武器。实践中，我们必须深入学习领会习近平经济思想，长期坚持、坚定不移地贯彻落实习近平经济思想，以推进我国经济社会发展产生更深刻、更广泛的历史性变革，推动中国式现代化建设取得新的更大成就。

## 二

## 党中央在关键时刻、重要节点及时研判形势，作出决策部署

以习近平同志为核心的党中央全面总结 2024 年经济工作的成

果，深度分析国内外复杂的经济形势和发展环境，确定了2025年中国经济发展总体要求、政策基调和主要任务，这体现了我们党驾驭发展大局、把握规律和解决复杂问题的本领和能力。

关于当前我国经济运行面临的一些困难和挑战，2024年中央经济工作会议指出：主要是国内需求不足，部分企业生产经营困难，群众就业增收面临压力，风险隐患仍然较多。同时，2024年中央经济工作会议也更坚定地强调了我们的优势所在："经济基础稳、优势多、韧性强、潜能大，长期向好的支撑条件和基本趋势没有变。"[①]坚定的信心不是说出来的，而是实实在在干出来的、真真切切正在发生的。从底盘看，2024年全国粮食总产量14130亿斤，在连续9年达到1.3万亿斤以上的基础上，首次突破1.4万亿斤，实现高位增产，"饭碗在手、心里有底"；从成效看，2024年，"两新"政策全年汽车报废更新超过290万辆，置换更新超过370万辆，带动汽车销售额9200多亿元，超过3600万名消费者购买了八大类家电产品5600多万台，带动销售额2400亿元。家装厨卫"焕新"带动销售相关产品近6000万件，销售额约1200亿元，电动自行车以旧换新超过138万辆，带动新车销售超过37亿元。[②]从前沿看，2024年，新能源汽车产量首次突破年度1000万辆，集成电

---

[①]《中央经济工作会议在北京举行》，《人民日报》2024年12月13日。

[②] 参见谢希瑶、魏玉坤：《2024年消费品以旧换新成效如何？商务部回应来了》，新华网2025年1月8日。

第二章
党中央集中统一领导是做好经济工作的根本保证

↑ 2024年全国粮食总产量14130亿斤，比2023年增加222亿斤，增长1.6%，全年粮食产量再创新高。图为2024年6月农机手驾驶小麦联合收割机在河北省磁县甘草营村麦田里收割小麦　中新图片／郝群英

路、工业机器人产品产量同比分别增长22.2%、14.2%[①]；从势头看，2024年9月26日召开的中共中央政治局会议果断部署，一揽子增量政策，积极变化开始凸显，一些指标达到近期最好水平，为顺利实现全年经济社会主要预期发展目标积累了充足有利条件，经济回升向好的基础更加牢固。

积极的信号、向好的态势，特别是沉着应变、综合施策的效果，任何唱衰的论调都会不攻自破。当然，比困难更重要的是战胜困难的能力、思路和办法。党中央瞄准国内需求，要求"积极发展首发经济、冰雪经济、银发经济"；着眼新质生产力发展，建设现代化产业体系，强调"加强基础研究和关键核心技术攻关"；推动标志性改革，举措落地见效，激发企业活力，明确"出台民营经济促进法"；聚焦高水平对外开放，着重"积极发展服务贸易、绿色贸易、数字贸易"，"扩大电信、医疗、教育等领域开放试点"；防范化解风险，"持续用力推动房地产市场止跌回稳"，"稳妥处置地方中小金融机构风险"；统筹城乡融合发展，注重发展现代化都市圈，"提升超大特大城市现代化治理水平，大力发展县域经济"；加大区域战略实施力度，点明"提升经济发展优势区域的创新能力和辐射带动作用"，"大力发展海洋经济和湾区经济"；紧扣发展方式绿色转型，"进一步深化生态文明体制改革"，坚持"营造绿色

---

[①] 参见《2024年经济运行稳中有进　主要发展目标顺利实现》，国家统计局网站2025年1月17日。

低碳产业健康发展生态","加强自然灾害防治体系建设";加大保障和改善民生力度,提出"实施重点领域、重点行业、城乡基层和中小微企业就业支持计划"……2024年中央经济工作会议明确了九大任务,涉及领域广、实施力度大、问题导向和效果导向突出,"一招一式"都是奔着现实去的,都要见真章、出实效。

历史和实践充分证明,党的事业胜利来自对形势的准确判断和深刻分析,党中央总是能够在关键时刻、重要节点作出决策部署,带领我们攻克一道又一道难关,引领我们取得一个又一个显著成绩,推动经济社会发展不断迈上新台阶。我们相信,在以习近平同志为核心的党中央坚强领导下,我们一定能够迎接新的挑战、创造新的辉煌!

三

## 不断把党领导经济工作的制度优势转化为治理效能

中国特色社会主义制度的最大优势就是中国共产党领导,在全球经济发展变局中,只有将党领导经济工作的制度优势转化为治理效能,才能更好地赢得发展优势,进一步增强我国经济发展动力,确保我国社会主义现代化建设在新征程上阔步前行。

2024年中央经济工作会议指出，做好2025年经济工作，要以习近平新时代中国特色社会主义思想为指导，全面贯彻落实党的二十大和二十届二中、三中全会精神，坚持稳中求进工作总基调，完整准确全面贯彻新发展理念，加快构建新发展格局，扎实推动高质量发展，进一步全面深化改革，扩大高水平对外开放，建设现代化产业体系，更好统筹发展和安全，实施更加积极有为的宏观政策，扩大国内需求，推动科技创新和产业创新融合发展，稳住楼市股市，防范化解重点领域风险和外部冲击，稳定预期、激发活力，推动经济持续回升向好，不断提高人民生活水平，保持社会和谐稳定，高质量完成"十四五"规划目标任务，为实现"十五五"良好开局打牢基础。[①] 我们要看到2025年对我国经济发展而言是充满挑战的一年，外部环境更复杂，不确定性更大，我国经济运行稳中有变、变中有忧，危与机同生共存。有效应对这些挑战，就必须充分发挥制度优势，提升治理能力，强化治理效果。

坚决做到"两个维护"。党的十八大以来，以习近平同志为核心的党中央正风肃纪、惩治腐败，在紧要关头挽救了党、重塑了军队。党和国家事业取得历史性成就、发生历史性变革，关键有习近平总书记这个坚强的领导核心，关键有习近平新时代中国特色社会主义思想这个有力思想武器。新时代新征程，我们要解决好人

---

① 参见《中央经济工作会议在北京举行》，《人民日报》2024年12月13日。

民日益增长的美好生活需要和不平衡不充分的发展之间的矛盾，肩负起实现中华民族伟大复兴的历史使命，如期完成全面建成社会主义现代化强国的战略目标，必须坚定不移维护党的核心、维护党中央权威和集中统一领导，必须深入学习贯彻习近平新时代中国特色社会主义思想，把习近平总书记提出的一系列重大战略举措落到具体实践中，为夺取新时代中国特色社会主义伟大胜利贡献力量。

切实强化理论武装。我们已踏上了新征程，沿着中国式现代化道路昂首阔步前进，党员干部更要不断提高思想政治水平，持续强化理论武装，在一切艰难险阻面前沉稳有致，不断实现新的突破，最终夺取胜利。理论是行动的先导，思想是前进的旗帜，要深入学习党的路线方针和政策，深刻领悟和贯彻好习近平新时代中国特色社会主义思想，深刻领悟"两个确立"的决定性意义，不断增强"四个意识"，坚定"四个自信"，做到"两个维护"，始终站稳政治立场，坚定政治信仰，永葆党员的政治本色。要把握全局，谋划在前，在工作中掌握主动，在推进中国式现代化中展现更大作为。

坚持以人民为中心的发展思想。人类社会一切活动的根本目的，首先是为了人类自身过得更美好。但人是分阶级、阶层的，不同社会、不同国家、不同政党在"发展为了谁"的问题上有不同的答案。为了谁、发展成果由谁享有的问题，是发展要解决的根本问题。作为以马克思主义为指导的无产阶级政党，中国共产党始终坚持全心全意为人民服务的根本宗旨，立党为公、执政为民是党的执政理念。中国共产党始终将人民的利益放在首位，一切工作以人民为中心，以人民需求为导向，以人民满意为标准。要坚持问政于民、问需于民、问计于民，倾听人民呼声，汇聚人民智慧。在决策过程中，要充分考虑人民的意愿和利益，确保决策的科学性和民主性，加强对权力的监督和制约，确保权力在阳光下运行。坚持以供给侧结构性改革为主线，推动经济高质量发展，创造更多高质量的就业机会，加强教育、医疗、文化等公共服务体系建设，提高人民的生活质量。将改革发展成果更多更公平惠及全体人民，增强人民群众的获得感、幸福感、安全感。

加强治理能力提升和干部队伍建设。提升治理能力，首先要深化对制度优势的理解和运用。我国的制度优势在于其独特的组织结构、高效的决策机制以及广泛的群众基础。我们要深入学习和研究这些制度优势，不断探索其在新时代背景下的新内涵和新要求。要加强制度创新和改革，使制度更加符合时代发展的需要，更加适应人民群众的需求。治理能力是一个国家综合实力的重要组成部分，要加强干部队伍的培训和教育，提高他们的专业素养和治理能力。注重引进和培养专业人才，为治理能力的提升提供有力的人才保障。提升治理能力、强化治理效果是应对新时代大变局的重要举措。我们要充分发挥制度优势，加强制度创新和改革，强化治理效果的评估和反馈机制，提升治理能力和队伍建设水平，为推进我国国家治理体系和治理能力现代化作出新的更大贡献。

加强制度建设和完善治理体系。制度建设是国家治理体系和治理能力现代化的重要基石，是应对复杂多变的国内外环境的关键所在。要加强顶层设计，构建系统完备、科学规范、运行有效的制度体系需要我们深入研究新时代的特点和要求，结合我国实际，制定一系列符合国情、顺应时代潮流的制度，注重制度的协调性和整体性，确保各项制度之间相互衔接、相互支撑，形成制度合力。要深化制度改革，推动治理体系不断完善。我们要坚持以人民为中心的发展思想，不断推进经济、政治、文化、社会、生态文明等领域的制度改革，破除体制机制弊端，释放发展活力。特别是在经济领域，要深化供给侧结构性改革，推动经济高质量发展；在政治领域，要推进全面依法治国，确保社会公平正义。要加强制度执行和监督，确保制度落地生根、发挥实效。制度的生命力在于执行，要建立健全制度执行的监督机制，加强对制度执行情况的监督检查，确保各项制度得到有效执行。加大对制度执行不力、违规行为的惩处力度，形成强大威慑力。

完善党领导经济工作的体制机制。完善党领导经济工作的体制机制是提高党驾驭社会主义市场经济能力的基本要求。党领导经济工作，最重要的是理顺党政关系、政企关系，依法执政，按经济规律办事。我们要深化制度改革，持续完善和优化现有制度。通过不断的制度创新，激发社会活力，提升国家竞争力。在深化经济体制改革方面，要坚持市场化改革方向，完善现代市场体系，充分发挥市场在资源配置中的决定性作用。在深化政治体制改革方面，要推动权力运行更加规范透明，加强民主监督，确保人民当家作主的权利得到切实保障。新征程上，我们要坚持以习近平新时代中国特

**读懂中国经济的优势和未来**

↑近年来，安徽省安庆市岳西县不断优化营商环境与产业布局，构建乡村振兴和经济发展新平台，使山区焕发出新时代活力，助推经济社会高质量发展。图为生机勃勃的岳西县经济开发区　中新图片 / 吴均奇

色社会主义思想为指导，坚决把党中央决策部署和要求落到实处，不断推动制度建设向治理效能转化，努力开创新时代经济工作新局面。

四

## 做到五个"必须统筹好"

2024年中央经济工作会议提出的五个"必须统筹好"相互贯通、相辅相成，不仅彰显了我们党运用辩证唯物主义世界观和方法论进一步深化对经济工作规律性认识的高度自觉，也是习近平经济思想在实践中的进一步丰富和发展。

必须统筹好有效市场和有为政府的关系，形成既"放得活"又"管得住"的经济秩序。处理好政府和市场的关系，是经济体制改革的核心问题。习近平总书记指出，"在市场作用和政府作用的问题上，要讲辩证法、两点论，'看不见的手'和'看得见的手'都要用好"[1]。这表明，我们要正确认识和处理好政府和市场的关系，必须充分发挥市场在资源配置中的决定性作用，更好发挥政府作

---

[1] 中共中央文献研究室编：《习近平关于社会主义经济建设论述摘编》，人民出版社2017年版，第58页。

用，使市场"无形之手"充分施展、政府"有形之手"有为善为。要通过建设法治经济、信用经济，不断完善市场规则，优化营商环境，使全国统一大市场成为各类经营主体公平竞争的大舞台，激发各类市场主体活力和创造力。要坚持政府和市场各就其位、各展其长，推动有效市场和有为政府统筹发力，实现高效率的资源配置和高效能的宏观治理，促进经济社会持续健康发展。

必须统筹好总供给和总需求的关系，畅通国民经济循环。保持供求基本平衡，包括总量平衡和结构平衡，是实现经济平稳健康发展的重要条件。习近平总书记指出，要统筹推进扩大内需和优化供给，打通两者结合的断点堵点卡点，发挥超大规模市场和强大生产能力的优势。要大力提振消费、提高投资效益，全方位扩大国内需求。在生产环节，要加强自上而下组织协调，更大力度支持"两新"政策和"两重"项目实施；适度增加中央预算内投资；加大财政与金融的配合力度，通过政府投资有效带动社会投资；提前谋划部署"十五五"重大项目，大力实施城市更新。[①]在分配环节，要实施提振消费专项行动，推动中低收入群体增收减负，提升消费能力、意愿和层级；适当提高退休人员基本养老金，提高城乡居民基础养老金，提高城乡居民医保财政补助标准。在流通环节，要实施降低全社会物流成本专项行动。在消费环节，要加力扩围实施"两新"政策，创新多元化消费场景，扩大服务消费，促进文化旅游业

---

① 参见《中央经济工作会议在北京举行》，《人民日报》2024年12月13日。

发展；积极发展首发经济、冰雪经济、银发经济。这一系列措施在生产、分配、流通、消费各环节协同发力，将有力推动总供给和总需求实现更高水平上的动态平衡，畅通国民经济循环。①

必须统筹好培育新动能和更新旧动能的关系，因地制宜发展新质生产力。经济发展是新动能不断涌现、旧动能不断更新的过程，实现经济高质量发展，要推动新旧动能平稳接续转换。习近平总书记强调，一手抓传统产业转型升级，一手抓战略性新兴产业发展壮大。这表明，要统筹好培育新动能和更新旧动能的关系，因地制宜发展新质生产力，必须坚持双轮驱动，两手都要抓，两手都要硬。一方面，各地要立足自身优势，抢抓机遇，大力发展战略性新兴产业，积极培育新动能。超前布局重大科技项目，培育未来产业，加强国家战略科技力量建设。另一方面，各地要推动传统产业改造升级，激发传统产业转型潜能，加快传统产业融合新技术、新模式。积极运用数字技术、绿色技术改造提升传统产业，提高传统产业技术含量和附加值，实现从要素驱动向创新驱动转变，为中国经济高质量发展源源不断地提供动力。

必须统筹好做优增量和盘活存量的关系，全面提高资源配置效率。经过长期持续快速的发展，我国已经积累了规模巨大的资产，迫切需要加强资产管理、优化资源配置。一方面，要厘清各种存量资源，拓宽视野，打开思路，做优增量，盘活存量，盘活存量带动

---

① 参见《中央经济工作会议在北京举行》，《人民日报》2024年12月13日。

增量，全面提高资源配置效率，推动经济更高效地运行，促进经济效益最大化。另一方面，发挥经济体制改革牵引作用，推动标志性改革举措落地见效。要坚持做优增量和盘活存量双向发力，提高政策整体效能，兼顾"破"与"立"，有效落实存量政策，加力推出增量政策，推动存量政策和增量政策相辅相成，强化逆周期调节和跨周期调节，兼顾短期目标和长期目标，形成共促高质量发展的合力。

必须统筹好提升质量和做大总量的关系，夯实中国式现代化的物质基础。经济发展的核心就是质和量的有机统一，只有质的提升才能为量的增长持续提供动力，同时量的增长也将作用于质的提升。习近平总书记强调："要坚持稳中求进工作总基调，贯彻稳中求进、以进促稳、先立后破的要求，继续巩固和增强经济回升向好态势，持续推动经济实现质的有效提升和量的合理增长，扎实稳健推进中国式现代化。"[1] 中国式现代化对经济发展的质量、结构、规模都有很高的要求。目前，我国已形成巨大经济体量、市场容量和产业配套能力，为经济质量提升创造了有利条件。在此优势之上，要坚持以质取胜和发挥规模效应相统一，用好超大规模市场优势和丰富的应用场景，培育更多世界一流企业和领先技术，把质的有效提升和量的合理增长统一于高质量发展的全过程，为推进中国式现

---

[1]《习近平同党外人士迎新春》，《人民日报》2024年2月8日。

代化奠定坚实的物质基础。①

当前是高质量完成"十四五"规划目标任务的重要节点，面对世界百年未有之大变局全方位、深层次加速演进，我们必须坚持党中央集中统一领导，把党对经济工作的领导落到实处，不折不扣执行党中央基于五个"必须统筹好"的各项决策部署，努力把各方面积极因素转化为发展实绩。

---

① 参见付朝欢：《改革发力政策给力　把各方面积极因素转化为发展实绩——权威人士解读中央经济工作会议精神》，《中国改革报》2024年12月16日。

◀ 第 三 章 ▶

# 2025年经济工作总体要求与决策部署

# 第三章
## 2025年经济工作总体要求与决策部署

2024年中央经济工作会议围绕做好2025年经济工作的总体要求和政策指向作出了一系列部署。2024年中央经济工作会议指出，2025年要保持经济稳定增长，保持就业、物价总体稳定，保持国际收支基本平衡，促进居民收入增长和经济增长同步。会议还提出，2025年要坚持稳中求进、以进促稳，守正创新、先立后破，系统集成、协同配合，充实完善政策工具箱，提高宏观调控的前瞻性、针对性、有效性。我们要充分把握2025年经济工作总体要求与决策部署，打好政策"组合拳"，全面完成经济社会发展目标任务，确保"十四五"规划圆满收官。

## 一

## 坚持稳中求进，保持经济稳定增长

当前，我国主要经济数据表现稳健，发展势头得到有效延续，前行步伐坚实有力，优良因素逐渐叠加，国家的经济实力、科技实力和整体国力不断提升。面临错综复杂的全球形势和改革发展稳定重大且艰难的任务，我们要准确洞悉时势，深刻理解改革的立场与突破，在保持战略耐心、坚持发展信念，推进我国经济在高质量发展道路上行稳致远，取得更大的成就。

夯实"稳"的基础。要坚守"安稳求新、主动担当"的方向，确保大局的稳定、政策导向的持续性、战略布局的坚定性。必须在保证基本盘稳固、巩固战略阵地的同时，积极寻求创新发展。稳是大局和基础。像我国这样一个庞大规模的经济体，每年实现的经济增长规模等同于一个中型国家全年的国内生产总值。只有保持经济运行在合理区间，巩固和增强经济回升向好态势，充分保障就业民生，才能为"进"创造稳定发展环境。

稳预期，发展更有信心。良好的营商环境是稳定市场信心、激发经济发展活力、推动高质量发展的重要因素。营商环境越好，经营主体发展信心往往越足。自2023年起，我国对民营企业打破阻碍、保障公正、强化监督、提升保护，颁布了《中共中央、国务院关于促进民营经济发展壮大的意见》，并在国家发展改革委成立了民营经济发展管理部门，致力于不断推进民营经济的壮大。开展了第五版市场准入负面清单的修订工作，努力减少清单中的条目；全面进行效能评估，快速在关键领域确立系统性准入规则；在典型案例的收集、汇编、发布、预约沟通以及整顿工作上加大力度……这一连串的有益行动旨在改善营商环境、稳固发展的预期，更进一步释放出各类企业的创业活力。截至2024年9月底，我国实有民营经济主体总量达18086.48万户，占经营主体总量的96.37%，同比增长3.93%。[1]

稳增长，发展更有底气。2024年，我国汽车产销双超3100万辆，其中新能源汽车产销均超1280万辆，连续10年保持全球第一。[2]亮眼成绩离不开一系列稳增长政策协同发力。在产供方面，促进汽车级芯片及固态储能领域的开发与普及，并启动由大企业提出问题、小企业竞争解决方案的比赛，同时开展制造业转型扩充互联行动，保障生产链和供应链的顺畅与稳定；在市场需求层面，激励新能源汽车购销量的升级，推出《关于促进汽车消费的若干措施》《关于推动汽车后市场高质量发展的指导意见》等指导文件，持续

---

[1] 参见林丽鹏：《我国实有民营经济主体超1.8亿户》，《人民日报》2024年11月10日。

[2] 参见王政：《3100万辆，这份答卷含金量十足》，《人民日报》2025年1月14日。

读懂中国经济的优势和未来

↑ 2024 年，我国汽车工业运行整体良好，产销分别完成 3128.2 万辆和 3143.6 万辆，同比分别增长 3.7% 和 4.5%。累计出口汽车 585.9 万辆，同比增长 19.3%。图为 2024 年 10 月 23 日大批国产汽车在山东烟台港集结等待装船出口
中新图片 / 唐克

以及优化新能源车购置税优惠政策。要确保经济发展稳健且处于理想区间，巩固与增强经济复苏的正向动态，稳固实体经济的发展是关键，并将这种稳定性不断转化为经济健康发展的活力。

稳就业，发展更有温度。确保就业市场的稳固与拓展，不仅是维护与提升民众生活品质的核心环节，也是加强经济复苏并促进其正向发展的关键基础。稳就业，经济发展是根本。经济增长是稳定和扩大就业的基础。要通过实施更加积极有为的宏观政策，推动经济持续回升向好。强化就业优先政策，把高质量充分就业作为经济社会发展的优先目标，积极推动就业政策与财政、货币等宏观政策协同发力，提高发展的就业带动力。稳就业的关键在于稳岗位。一是加强对就业容量大的民营经济、中小微企业等各类经营主体的支持，统筹用好税费减免、就业补贴、稳岗返还等政策，支持企业稳岗扩岗。二是大力发展新业态、新模式，培育数字经济、银发经济、绿色经济等就业新增长点，推动重大政策、重大项目、重大生产力布局，创造更多就业机会，使高质量发展的过程成为就业提质扩容的过程。三是着力营造公平就业的良好环境，有效治理就业歧视、欠薪欠保、违法裁员等乱象，加强灵活就业和新就业形态劳动者权益保障。四是加快数字化手段应用，运用新技术精准推送招聘用工及相关政策服务信息，探索发布信息、组织对接、面试洽谈等"一站式"快办服务。五是鼓励创业带动就业。落实创业政策服务举措，优化创业担保贷款流程，充分发挥"人社惠农贷""人社惠企贷"作用，高效办成"个人创业一件事"。发挥创业孵化基地作用，为创业者搭建全要素的展示、交流、对接平台。

激发"进"的动能。"进"是方向和动力。要致力于在转变发展方式、优化产业结构、提升产品品质、提高经济效益等方面主动寻求进步，以此获取战略上的先机，增强经济发展的适应能力与韧性，进而为社会经济的稳定与健康发展，以及高质量发展目标的实现，提供支撑和新动能。

"进"代表将科技创新作为推动行业更新的动力。科技创新能够孕育出新行业、新兴方式及新的活力，助推经济高质量发展。以科技创新赋能新产业、新业态、新模式的涌现和成长，形成新质生产力的强大驱动力量。首先，要强化创新要素驱动。坚持"四个面向"，强化创新引领，推动发展方式由资源、资本、劳动力等要素驱动向创新驱动转变，使创新成为引领发展的主要动力，带动生产要素的创新性配置，驱动经济社会高质量发展。其次，要强化高水平人力资源驱动。把人力资源开发放在科技创新最优先的位置，大力弘扬科学家精神和工匠精神，建立健全人才引育留用机制，尊重人才成长规律，营造崇尚科学的风尚，形成全面创新人才梯队，激发各类人才创新活力和潜力。最后，要激发改革创新内生动力。要坚持科技创新和制度创新双轮驱动，构建以"创新价值、能力、贡献"为导向的评价体系，完善以"揭榜挂帅"为导向的科技攻关激励制度，加强知识产权保护，促进科技成果转移转化，打通束缚新质生产力发展的堵点卡点，让更多先进科技创新要素向发展新质生产力流动，为稳增长注入新动能、塑造新优势。

## 第三章
## 2025年经济工作总体要求与决策部署

"进",是区域协调发展之进。区域协调发展是维护国家长期繁荣稳定的关键举措,能为我国协同发挥巨大人口规模优势和超大规模市场优势提供有力支撑,也是推动中国式现代化建设的有效途径。党中央在推动西部大开发、东北全面振兴、中部地区崛起、东部地区率先发展等区域协调发展战略的基础上,实施了京津冀协同发展、长江经济带发展、长三角一体化发展、粤港澳大湾区建设以及黄河流域生态保护和高质量发展等一系列区域重大战略,推动区域协调发展迈向更高水平。

"进",是扩大高水平开放之进。更高水平对外开放,既能更好满足国内消费升级需求,也有利于增强中国在世界经济舞台的话语权。以高水平对外开放为高质量发展塑造新动能新优势,将推动我国发展的巨大潜力和强大动能充分释放出来。只要有效统筹国内国际两个大局,充分利用两个市场两种资源,坚持实施更大范围、更宽领域、更深层次对外开放,就能以高水平对外开放推动高质量发展。要继续开展多元合作,扩大朋友圈,继续通过多渠道、多领域、多方式的经贸合作构建起更为稳健的全球经贸网络,稳住外贸、外资和国际经济大循环。要推动深层次合作,主动开展产业链供应链国际合作,形成以我为主、有序的国际分工链,建立起更稳健的全球产业链供应链生态体系。要继续扩大新产品领域、新业态领域的贸易发展,持续推进外贸量增质升的目标实现。要培育和发展一批世界一流的跨国公司,支持其做大做强,促使它们成为联通中国经济与世界经济的重要桥梁。

迈上新征程，我们在经济领域的处理需重视"稳字当头"原则。这要求我们坚持宏观调控政策的连续性与稳定性，确保整体经济平稳增长和物价基本稳定，保障社会大局安定。我们要适时出台旨在稳定市场预期、促进经济增长和就业稳定的措施，并谨慎地推进那些可能会抑制市场的限制性政策，从而形成有利于"进"的条件。经济发展方面的"进"体现在我们必须把握我国发展的重要战略机遇期，推动经济高质量发展，实现质的飞跃以及改革开放的新突破，增进民生福祉。在经济增长稳定性、引导公众预期、风险防范和解决方面，我们要始终保持主动权，不断夯实经济发展稳固和持续向好的基础。我们还必须增强预见性、前瞻性，确保各项改革措施和宏观调控政策能够超前于市场变动和潜在风险，以此确保中国经济行稳致远。总而言之，"稳"经济增长是"进"的前提，促进经济高质量发展是"稳"的根本。

二

## 实施更加积极的财政政策

财政政策是国家制定的指导财政分配活动和处理各种财政分配关系的基本准则，是国家干预经济、实现宏观经济目标的工具。

# 第三章
## 2025年经济工作总体要求与决策部署

2024年中央经济工作会议在"积极的财政政策"前增加了"更加"的表述，表明了政策持续用力、更加给力的决心和力度。

实施"更加积极的财政政策"，在政策力度上将提高财政赤字率，增加发行超长期特别国债和地方政府专项债券，加大财政支出强度，确保对经济增长形成强有力拉动。财政部数据显示，2023年末，G20国家平均政府负债率为118.2%，而我国为67.5%，显著低于主要经济体和新兴市场国家，尚有较大举债空间。[1]财政部在落实组合使用赤字、专项债、超长期特别国债、税费优惠、财政补助等多种已确定政策工具的基础上，陆续推出一揽子有针对性的增量政策举措。有专家表示，若2025年赤字率适当上调达到3.8%左右，赤字规模将比2024年增加1万亿元左右，增加部分继续全部由中央承担，并通过转移支付方式安排给地方使用，保持地方赤字规模与2024年持平；支持国有大型商业银行补充核心一级资本，以提升六大商业银行经营质效，增强信贷投放能力；地方政府通过扩大专项债券发行使用规模补充综合财力，用于置换隐性债务、回收闲置存量土地、收购存量商品房用作保障性住房等，支持推动房地产市场止跌回稳。在实施积极财政政策的同时，各级财政部门要强化对债务的有效性管理，积极防范化解风险，促进经济持续企稳回升。[2]

---

[1] 参见曲哲涵、彭波：《化债"组合拳"发力，为地方发展减负担、增动能》，《人民日报》2024年11月9日。

[2] 参见张紫祎：《明年经济工作怎么做？多部门透露具体政策方向》，中国网2024年12月19日。

读懂中国经济的优势和未来

随着"两新"政策持续发力，政策效能加速释放，内需潜力得到有效激发。国家统计局与财政部门等机构公布的资料显示，2024年设备工器具购置投资比2023年增长15.7%，增速比2023年加快9.1个百分点，对全部投资增长的贡献率达67.6%。2024年第四季度，消费品以旧换新政策加力显效，居民换购热情得到激发，限额以上单位家用电器和音像器材类、家具类、汽车类、建筑及装潢材料类商品零售额，合计拉动社会消费品零售总额增长约1.0个百分点，比第三季度明显提升。在大规模设备更新政策支持下，2024年设备工器具购置投资比2023年增长15.7%，增速比2023年加快9.1个百分点，对全部投资增长的贡献率达67.6%。[1]从消费端来看，2025年将通过加大财政对终端消费直接投入提升消费意愿，支持"两新"政策的超长期特别国债资金将比2024年大幅增加，将更多市场需求广、更新换代潜力大的产品和领域纳入政策支持范围，扩大政策的惠及面。进一步优化包括补贴发放流程、跟踪问效等政策实施机制，提高资金使用效益。2025年将在适应消费结构变化、增强供需适配性上持续优化促消费政策。通过加快完善相关财税优惠支持政策，鼓励各类经营主体提供多元化服务，着力满足居民在健康、养老、托幼、家政等方面的消费需求；培育文化、旅游、体育、演出、数字等新型消费；开发更加多样化的消费场景，积极发展首发经济、冰雪经济和银发经济；运用虚拟现实技术（VR）、人工智

---

[1] 参见中共国家统计局党组：《中国经济乘风破浪稳健前行》，《求是》2025年第3期。

第三章
2025年经济工作总体要求与决策部署

↑自我国实施消费品"以旧换新"补贴政策以来，消费者的购买热情得到激发，有效拉动了家电销售数量快速增长。图为2024年11月15日，福建省福州市一商场实施以旧换新和政府补贴政策吸引了众多消费者　中新图片/谢贵明

能（AI）等新技术，培育具有创新、跨界等特点的新型融合消费业态。从收入端来看，2025年将通过提升社会保障水平等多种方式，推动居民收入稳定增长。相应的经济策略包括适度提高退休人员基本养老金的水平，提高城乡居民基础养老金，增强城镇居民的最低生活保障养老金，提升城镇居民基本医疗保险的政府补助额度，拟定促进生育的措施，努力稳定房地产市场和证券市场，通过多种手段提升居民的收入水平，从而加强和夯实居民的购买力。

我国利用财政政策潜力，增强资金运用成效及政策成效，还有很大潜力通过优质投资推动国内需求。"两重"项目建设持续推进，使用超长期特别国债，已支持西部陆海新通道建设、沿江高铁、东北黑土地高标准农田建设、"三北"工程建设等1465个跨区域、跨流域重大标志性工程项目建设，"双一流"高校、城市地下管网、重点领域节能降碳改造等提质工程，为经济稳定增长注入更多动力。2024年中央经济工作会议对做好2025年"两重"项目工作提出了明确要求，要在总结和延续2024年好的经验做法的基础上，从量上进一步扩大超长期特别国债发行规模，更大力度支持"两重"基础设施投资项目，加快推进重大战略实施和重点领域安全能力建设。通过调整和完善财政资金分配方式，加强对国家关键战略项目的资金支持，重点提升新质生产力发展水平，促进城乡一体化进程，实现区域发展的均衡，并推动人口素质的全面提升。落实好结构性减税降费政策，优化资金投向，重点支持科技创新、产业升级、绿色转型等领域投资，深入实施城市更新行动和危旧房改造，加快补齐教育、医疗、养老等领域短板。严密监控财政拨款流向，持续优化资金分配流程，保证项目执行与配套改革同步进行，提升资金使用效益，助力双重目标达成，为高质量完成经济社会发展目标任务打下坚实的基础。

## 三

## 实施适度宽松的货币政策

金融是现代经济的核心，是推动经济社会发展的重要力量。2024年中央经济工作会议针对货币政策专门指出，2025年要实施适度宽松的货币政策。

我国货币政策的基调此前多年都主要强调"稳健"，10多年来首次调整为"适度宽松"，这与目前国内国际的整体经济形势有关。目前，我国面临的内外环境已经经历了深刻转变，国内对商品与服务的实际需求不旺，企业面临的经营挑战加剧。与此同时，欧洲和美国这些成熟的经济体开始实施更为灵活的货币政策。对此，中央调整货币政策基调，也是根据实际情况，同时是延续在此前提出的"有力度的降息"基础上的进一步要求。金融政策的调控走向从严格到放松，可以分为几个不同档次，具体包括"收紧""适度收紧""稳定""适度放宽""放宽"。中央银行会根据经济形势的变化，对货币政策进行调整。梳理此前的表述，上一次使用"适度宽松"描述货币政策，是在2008—2010年，此后从2011年至今，货币政策一直使用"稳健"的表述。货币政策的调控措施增强了对预期的引导，向金融市场明确传达了货币政策的信号。2024年中央经济工作会议同样强调了强化预期调控的重要性。此次对货币政策基调的调整，也正是加强预期管理的重要体现。当货币政策的透明度提高后，政策的可理解性、权威性都会增强，市场对未来货币政策的动向也会自发形成稳定预期，合理优化自身决策，货币政策调控就会事半功倍。

2024年以来货币政策有效发挥作用。从2024年初至今，中国人民银行加大了货币政策实施的力度，向市场大量注资，有效地压低了社会融资的总体费用，同时提高了金融机构对实体经济的扶持效率及成效。2024年，中国人民银行两次下调了银行的存款准备金率，累计下降了1个百分点，目的是解放约2万亿人民币的长期资金。另外，中国人民银行通过运用多种组合货币政策，加大对金融机构的支持力度，引导其更好地服务实体经济。数据显示，2024年我国广义货币（M2）余额突破310万亿元；2024年，金融机构对实体经济发放的人民币贷款增加17.05万亿元。自2024年开始，中国人民银行推出了国债交易和买断式逆向回购等新颖工具，持续扩大货币政策的工具库。统计数据表明，我国现在已经拥有近20种的结构性货币政策工具。货币政策调控的核心——利率，在2024年明显下降。自2024年开始，一年期的贷款市场基准利率（LPR）自本年度起累计下调了35个基准点，而五年期及以上的贷款市场基准利率累计降幅已达60个基准点。至此，贷款市场基准利率已经历三次下调。在此带动下，贷款实际利率进一步下行。我国企业贷款加权平均利率已来到"3"时代，居民房贷利率也降至历史低位。2024年9月以来，中国人民银行还优化调整了多项房地产金融政策，创设了支持资本市场稳定发展的两项工具。一揽子增量政策多箭齐发，市场反响积极。从2024年起，我国的货币政策趋向于放宽，实施力度有所提高，使金融总量呈稳定增长态势，信贷结构也不断蜕变升级。在满足了实体经济融资需求的背景下，总的融资费用也在逐渐减少，这明显提升了市场的信心和预测，进而增强了企业的投资欲望，提高了居民购物的能力。这一策略为经济的复苏增长和品质的提升提供了积极且有效的助力。

要积极强化超常规的逆周期调控措施，并着力实施政策配套"组合拳"，以增强宏观经济调控的预见能力、针对性以及实效性。"超常规"还在哪些方面值得期待？货币政策将在哪些领域发力见效？"超常规"预计是各项政策力度将会更大，有力推动融资成本下行，增加财政支出；同时，还将体现在政策会及时出手，适度超前，助力宏观经济熨平周期波动和外在冲击。随着财政、货币、产业等政策协同发力，形成合力，将在居民消费、投资、进出口、房地产等领域带来积极效果。预计未来，货币政策对重大战略、重点领域和薄弱环节的支持力度将继续强化。最新的货币政策基调将继续引导金融机构优化信贷结构，加大对金融"五篇大文章"的支持力度。这也将进一步推动我国经济结构转型升级，支持更多实体企业加大对绿色金融、科技创新研发等领域的投入支持，将从根本上为经济稳定增长和高质量发展奠定基础。

四

## 打好政策"组合拳"

2024年中央经济工作会议指出，要加强财政、货币、就业、产业、区域、贸易、环保、监管等政策和改革开放举措的协调配合，完善部门间有效沟通、协商反馈机制，增强政策合力。把经济政策和非经济政策统一纳入宏观政策取向一致性评估，统筹政策制定和执行全过程，提高政策整体效能。

在推进政策落实落地的过程中，要形成一个系统集成、协同配合的局面，也就是打好政策"组合拳"。除宏观政策，比如财政政策、货币政策之外，还要与中观层面政策，像区域政策、产业政策、环保政策等形成一个协同配合、有机结合的局面。政策之间的衔接和协同，需要我们做好宏观政策取向一致性评估，形成更有力的长效机制来推动政策协同，形成推动高质量发展的合力。

加强政策协调配合。不同的政策往往存在一定的关联和影响，若不能步调一致，就会导致政策效果分散化。通过加强政策协调配合，可以形成政策合力，使各项政策相互促进、相互补充，更好地推动经济发展。要坚持系统集成、协同配合，增强政策合力，提高政策整体效能。政策的协调配合，如同乐团的演奏，每个政策如同一种乐器，单独演奏时各有特色，但若想演奏出和谐之音，则需要各种乐器之间的默契配合。要让财政、货币、就业、产业、区域、贸易、环保、监管等政策和改革开放举措加强协调配合，相互协调、相互补充，发挥政策的最大效果。把一些标志性改革开放举措落实到位，通过改革消除体制机制障碍，调动地方、企业和个人的积极性。

完善部门间有效沟通、协商反馈机制。要坚持系统观念，建立完善跨部门政策协调平台，形成有效政策协调机制。建立高层次政策协调体系，成立跨部门政策协调机构，明确协调责任与分工，在重大政策发布或调整前进行跨部门讨论和评估，避免部门间各自为政导致政策冲突。要优化政策传导机制，确保政策能够从设计层面有效传递到执行层面，尤其是末端落实，打通政策的"最后一公里"，避免"政策空转"，确保政策设计执行阶段联动，各类政策实施反馈及时、目标一致。

做好宏观政策取向一致性评估。经济政策与非经济性政策，共同影响国家发展和社会稳定，其一致性对于提升国家治理现代化水平具有重要意义。非经济性政策，如环保、教育等，尽管看似与经济政策关联较弱,实际上在资源配置、市场预期和社会福祉方面具有深远影响。经济社会发展是一个系统工程,只有做好宏观政策取向一致性评估,增强宏观政策取向一致性,才能确保各项政策同向发力、形成合力、精准有力,提升宏观政策的有效性,给经营主体释放清晰信号。增强宏观政策取向一致性,需要贯穿从政策谋划到实施的全过程,着力提升各领域政策目标、工具、力度、时机、节奏的一致性和匹配度。在政策出台前,要经过一致性评估进行充分论证;政策执行或调整时,要与宏观政策取向持续保持一致;政策落地后,要及时检视评估政策效果,整个过程中与宏观政策取向不一致的要及时调整或暂停执行,可使用数字技术进行宏观政策取向一致性的评估,提升政策制定的科学性和前瞻性,建立政策执行监督机制,防止政策实施过程中的相互制约。

◀ 第四章 ▶

# 大力提振消费，提高投资效益，全方位扩大国内需求

# 第四章

## 大力提振消费，提高投资效益，全方位扩大国内需求

2024年中国经济波动前行，呈现"前高、中低、后扬"走势。总体平稳，稳中有进，全年经济增长预期目标顺利实现。2024年，全球经济增长乏力，外部环境变化带来的不利影响加深，我国经济运行仍面临国内需求不足、部分企业生产经营困难等挑战。2024年中央经济工作会议明确，2025年要抓好的九大重点任务之首就是大力提振消费、提高投资效益，全方位扩大国内需求。2025年将继续实施提振消费专项行动，把促进和提振消费政策与民生紧密结合，支持范围将扩大至市场需求广泛、更新换代潜力大的产品和领域，更大力度支持重大战略实施和重点领域安全能力建设，深入实施城市更新行动和危旧房改造，不断增强人民群众获得感、幸福感和安全感。

一

# 实施提振消费专项行动

扩大内需是战略，提振消费是重点。2024 年全年社会消费品零售总额达 48.79 万亿元，同比增长 3.5%。预计 2025 年消费市场总体继续呈现平稳增长态势。在此基础上，2025 年要在增强消费能力、提升消费意愿、适应消费结构变化、增强供需适配性等方面作出调整改革，把握好投资方向，坚持多措并举，激发投资活力，优化投资环境。

增强消费能力和提升消费意愿。居民收入是消费的基础，社会保障是影响消费的重要因素。2025 年将对终端消费直接投入和提升社会保障等，持续加大财政投入，让百姓的口袋"鼓起来"。要突出就业优先导向，确保重点群体就业稳定，加强灵活就业和新就业形态劳动者权益保障。

促进重点群体就业。习近平总书记在二十届中共中央政治局第十四次集体学习时深刻指出，要完善重点群体就业支持政策。重点群体主要包括高校毕业生等青年群体，农民工就业困难群体，退役军人、妇女等群体，稳住重点就业群体就稳住了就业基本盘。首要

# 第四章
## 大力提振消费，提高投资效益，全方位扩大国内需求

任务是解决高校毕业生等青年群体的就业问题，做到创业引领、见习培训、基层成长、同向发力，开发更多有利于发挥高校毕业生专业特长的岗位。高校和社会要共同努力，鼓励青年投身重点领域和重点行业、城乡基层、中小微企业就业创业。通过外出就业与就地就近就业相结合，引导外出人才返乡，鼓励城市人才下乡，通过创业迎接新型城镇化、乡村全面振兴的机遇。要稳定脱贫人口务工规模和务工收入，坚持劳务协作、职业培训、劳务品牌、返乡创业"四轮驱动"，坚决防止脱贫人口因为失业导致规模性返贫。大龄、残疾、长期失业等就业困难人员不容忽视，要为其提供精细化服务。退役军人、妇女等群体就业问题影响深远，要积极做好这个群体的就业工作，提升其获得感、幸福感、安全感。

加快构建以技能为导向的薪酬分配制度。人力资源和社会保障部数据显示，2021—2023 年，取得高级技能及以上、中级技能、初级技能鉴定证书的技能人才年平均薪酬累计增长 6.2%、9.6%、7.7%。[①] 这种增幅能否"行稳致远"，重点是在制度层面加以规范。要真正实现社会尊重技能、政府重视技能的新格局，引导职教良性发展，依托校企合作、产教融合加强技能人才培养，进一步优化由市场评价贡献、按贡献决定薪酬的机制。

适当提高退休人员基本养老金。从 2016 年开始，国家实施企

---

[①] 参见姜琳、黄垚：《技能人才薪酬较快增长，如何持续推动"技高者多得"？》，《新华每日电讯》2024 年 10 月 14 日。

业和机关事业单位退休人员基本养老金统一调整。基本养老金调整的限定范围是上年度 12 月 31 日前已按规定办理退休手续并按月领取基本养老金的人群。2023 年末，我国参保离退休人员数量达到了 1.4196 亿人，比 2022 年末增加了 552 万人[①]。退休人员在家庭消费中扮演着重要角色，消费支出涉及日常生活、医疗保健、度假旅游、休闲养生等多个领域。基本养老金的增加使他们有更多的可支配收入用于消费，在此过程中将带动生产和就业的传导链条，从而形成良性循环。

制定促进生育政策。2024 年 10 月 28 日，国务院办公厅印发《关于加快完善生育支持政策体系推动建设生育友好型社会的若干措施》，这意味着生育支持体系将会加快构建。其主要体现在四个方面：一是在强化生育服务支持方面，提出了增强生育保险保障功能、完善生育休假制度、加强生殖健康服务措施；二是在加强育幼服务体系建设方面，提出了提高儿童医疗服务水平、增加普惠托育服务供给、完善普惠托育支持政策、促进儿童发展和保护措施；三是在强化教育、住房、就业等支持方面，提出了扩大优质教育资源供给、加强住房支持政策、强化职工权益保障措施；四是在营造生育友好型社会氛围方面，提出了积极构建新型婚育文化措施。构建生育支持体系的关键是解决生养育孩子的综合负担问题，上述措施

---

① 参见中华人民共和国人力资源和社会保障部：《2023 年度人力资源和社会保障事业发展统计公报》，人力资源和社会保障部网站 2024 年 6 月 17 日。

第四章
大力提振消费，提高投资效益，全方位扩大国内需求

↑ 2024 年，江苏省淮安市加快改善型住房建设，推进商品住房"以旧换新"，消化存量和优化增量，促进房地产市场平稳健康发展。图为淮安市清江浦老城区一楼盘，该楼盘是淮安楼市第一家开展"以旧换新"的楼盘　中新图片 / 贺敬华

的实施，短期将有助于扩大内需、稳增长，长期将有助于增强经济社会活力，实现中国未来人口的长期健康均衡发展。

着力稳住楼市股市。楼市与股市，是居民财富的"蓄水池"。前者关系居民的存量财富，后者则是提高居民财产性收入的关键。从某种意义上说，只要稳定了楼市与股市，就稳住了居民资产负债表，也有望提振消费和扩大内需。落实2024年中央经济工作会议要求，一要稳住楼市。2024年，全国房地产开发投资100280亿元，比2023年下降10.6%。新建商品房销售额96750亿元，下降17.1%，其中住宅销售额下降17.6%。[①] 稳住楼市的关键在于打通中长期资金入市的卡点堵点，加力实施城中村、危旧房改造，继续增加保障性住房供给，加大配售型保障房建设力度，满足工薪群体刚性住房需求。二要稳住股市。要提升市场监测、预警和应对的前瞻性、主动性，加强境内外、场内外、期现货联动监管，加强对融资融券、场外衍生品、量化交易等的针对性监测监管，加快落实增量政策，持续用好稳市货币政策工具，加强和改善市场预期管理，着力稳资金、稳杠杆、稳预期，切实维护资本市场稳定。

适应消费结构变化和增强供需适配性。2024年中央经济工作会议指出，创新多元化消费场景，扩大服务消费，促进文化旅游业发展。积极发展首发经济、冰雪经济、银发经济。落实2024年中央经济工作会议要求，要加快完善相关支持政策，鼓励各类经营主

---

① 参见《2024年全国房地产市场基本情况》，国家统计局网站2025年1月17日。

体提供多元化服务，着力满足居民在健康、养老、托幼、家政等方面的消费需求。要大力拓展新型消费模式，培育文化、旅游、演出、体育等领域的消费，积极发展首发经济、冰雪经济和银发经济。要充分运用虚拟现实、人工智能等新技术，继续大力培育具有创新、跨界等特点的新型融合消费业态，不断开发多样化的场景模式，实现激发消费与有效投资的良性循环。

积极发展首发经济。首发经济是指企业发布新产品，推出新业态、新模式、新服务、新技术，或开设首店等经济活动的总称，涵盖了企业从产品或服务的首次发布、首次展出到首次落地开设门店、首次设立研发中心，再到设立企业总部的链式发展全过程。首发经济是一个地区商业活力、消费实力、创新能力、品牌形象、国际竞争力和开放程度的重要体现，在活跃市场氛围、打造市场品牌、促进消费增长、推动创新发展等方面都能发挥重要作用。发展首发经济，要培育多元化的首发经济主体，鼓励大型企业加大研发投入，助力中小企业成长。要积极拓展首发经济的市场空间，制定相关支持政策，加强知识产权保护，鼓励企业商业模式创新和产品研发等，为首发经济开辟更广阔天地。

积极发展冰雪经济。"冰天雪地也是金山银山。"作为重要的体验式经济，冰雪经济在线上、线下形成巨大的导流作用，吸引了大量的游客和消费者，并且为餐饮、住宿、文娱等相关产业带来了可观的人流和收益。2024 年 11 月，国务院办公厅印发的《关于以冰雪运动高质量发展激发冰雪经济活力的若干意见》提出，到 2027

年，冰雪经济总规模达到 1.2 万亿元。到 2030 年，冰雪经济主要产业链条实现高水平协调融合发展，在扩大就业、促进高质量发展等方面的作用更加凸显，冰雪经济总规模达到 1.5 万亿元。2024 年 12 月 6 日中央区域协调发展领导小组办公室印发的《推动东北地区冰雪经济高质量发展、助力全面振兴取得新突破实施方案》要求着力提升冰雪旅游品质，引导冰雪旅游目的地从单季开放向四季运营转变，探索发展夏季服务业态，延长冰雪经济的长波效应。发展冰雪经济已经被摆到了扩大国内需求的重要位置之上。此外，自北京 2022 年冬奥会成功举办以来，冰雪运动热情被点燃，"三亿人参与冰雪运动"的目标变成现实。2024 年 12 月 16 日，文化和旅游部公布了 12 条全国冰雪旅游精品线路，要求相关地区提升冰雪旅游服务水平，升级消费体验。从"尔滨"的冰雪大世界到张家口崇礼万龙滑雪场，从吉林市北大湖滑雪场到长白山万达滑雪场，一幅壮丽奇瑰的冰雪经济蓝图正在徐徐铺开，万亿元级别的冰雪大市场正在走进现实。

积极发展银发经济。随着我国人口老龄化趋势的加剧，银发经济正成为经济发展的新引擎。银发经济是向老年人提供产品或服务，以及为老龄阶段做准备等一系列经济活动的总和，涉及面广、产业链长、业态多元、潜力巨大。银发经济一头连着民生，一头连着产业。银发经济不仅包括传统的"衣食住行用"等实物消费，还包括医疗保健、护理康复、文化旅游等服务消费。推动银发经济高质量发展，应以银发人口的广阔市场潜力作为研究线索，结合我国

## 第四章 大力提振消费，提高投资效益，全方位扩大国内需求

正在打造的高质量供给体系、健全多层次社会保障以及强化社会环境要素支持为前进路径，从而实现提高人民生活品质、增进老年人福祉的愿景与目标。

积极扩大有效投资和提高投资效益。投资不仅是当前的需求，也是国家未来的供给。有效投资是指对国家经济起正向作用的投资，而盲目投资、重复投资会导致系统性的金融风险，出现资金链断裂和资金浪费。扩大投资的关键在于积极扩大有效投资和提高投资效益，在当前国内需求不足的背景下，有效投资能够创造新的需求，从需求端和供给端两个方面促进经济增长。一是应对下行压力，推动经济持续增长。2024年以来，在错综复杂的国内外形势下，经济下行压力加大，党和国家聚焦重点领域和关键环节，发挥政府投资的引导带动作用，充分调动民间投资的积极性，加力推出一揽子既利当前又利长远的增量政策。通过促进有效投资稳步扩大，有力扭转了市场预期，提振了经营主体投资信心。二是解决总需求不足，补齐发展短板弱项。我国正处于构建现代化基础设施体系的关键时期，基础设施结构和功能优化投资空间仍待释放。比如，我国基础设施联通度和协同性水平有待提高，大城市交通拥堵等压力日益增加，而中西部地区、农村地区和边远地区基础设施建设仍有待加强。加大相关领域的投入力度，加快项目建设，能够为推动经济社会高质量发展注入新的动力。三是强化消费和投资之间的促进关系。消费和投资的相互促进和良性循环，是统筹扩大内需和深化供给侧结构性改革、推动高质量发展的重要手段和关键环

节。2025年乃至更长一段时期，我国还将处于转变发展方式、优化经济结构、转换增长动力的攻关期。扩大有效投资、提高投资效益，仍然是开展生产、创造就业的前提条件，是做好宏观经济跨周期和逆周期调节、促进经济稳定增长的重要抓手。

## 二

## 加力扩围实施"两新"政策

"两新"是指推动新一轮大规模设备更新和消费品以旧换新。2024年2月，中央财经委员会第四次会议提出"要鼓励引导新一轮大规模设备更新和消费品以旧换新"。2025年，我国将继续发行超长期特别国债并进一步优化投向，"两新"政策资金成为地方争取的重点。

"两新"政策成效明显。"两新"政策实施以来，对提振消费需求、扩大有效投资等起到了重要的牵引作用。2024年，我国家用电器和音像器材类商品零售额同比增长12.3%，首次突破万亿元大关；全国汽车报废和置换更新超过680万辆，带动汽车销售额9300多亿元，进一步激发消费活力。2024年，我国设备工器具购置投资同比增长15.7%，比2023年增长9.1个百分点。初步估算，在"两新"政策带动下，重点领域设备更新总量超 2000 万台（套），有力拉动了相关领域投资。"两新"政策的实施促进产业升级效果明显。2024 年，装备制造业增加值同比增长 7.7%，占规模以上工业增加值的比重提升至 34.6%。"两新"政策的实施支撑绿色转型效果明显。2024 年更换的高效能家电将推动全社会每年节电 100 亿千瓦时以上，整体测算，2024 年"两新"政策落地形成的二氧化碳减排量约 7300 万吨。[①]

绿色消费增添新动力。消费者在选购家电时已不再单单注重实用性，节能环保性能逐渐成为重要的选购因素。《2023 中国消费趋势报告》显示，73.8% 的消费者在日常购物中优先选择绿色、环保的产品或品牌。这些消费群体的主力是"90 后"和"00 后"，他们对绿色家电有较高的溢价接受度，愿意为更环保、更高效的产品买单。在国家升级了补贴力度之后，更多的消费者开始申请以旧换新。与此同时，在工业领域，推动节能减排和设备更新升级已成为实现绿色发展的关键。作为"两新"政策的重要组成部分，工业设备的更新加速了制造业向高端化、智能化和绿色化转型的进程。这不仅是产业结构的升级，而且为企业带来了技术创新与生产效率提高的机遇。2024 年，工业和信息化部联合多个部门发布的《推动工业领域设备更新实施方案》提出实施先进设备更新、数字化转型和绿色装备推广等行动，意在推动制造业实现高质量发展。

---

[①] 参见《"两新"政策激发内需新动能》，央视网 2025 年 1 月 19 日。

地方扩围政策在路上。权威部门预计，2025年支持"两新"政策的超长期特别国债资金规模将大幅增加，将会持续巩固消费回暖势头。这些政策将扩大以旧换新产品范围，持续完善财政补贴与金融服务的协同，制定以旧换新政策实施的规范性指引，提振居民消费，带动国民经济回稳向好。2025年，重庆市将洗碗机、净水器等家电产品纳入补贴范围；广东省将手机、平板电脑、智能穿戴设备等产品纳入补贴范围；浙江省将空气净化器、智能门锁等家电产品纳入补贴范围；江西省将旋耕机、谷物烘干机等六类农机具列入农机报废补贴目录；上海市部分区域加力支持汽车以旧换新，在"国补""市补"的基础上，还推出了"区补"；浙江省支持居家适老化改造消费补贴政策及实施细则出台，重点围绕如厕洗澡安全、辅助器具适配等五个方面，为老年人家庭提供补贴。

三

## 更大力度支持"两重"项目

"两重"项目是指国家重大战略实施和重点领域安全能力建设。从2024年开始，我国拟连续几年发行超长期特别国债，专项用于国家重大战略实施和重点领域安全能力建设，2024年先发行1万

第四章 大力提振消费，提高投资效益，全方位扩大国内需求

亿元。国家发行超长期特别国债是推动经济高质量发展的一项重大举措。

"两重"政策成效明显。2024年，国家通过发行超长期特别国债支持"两重"建设的资金为7000亿元，支持1465个项目，单个项目平均支持的金额在4.78亿左右。对比"两新"政策，"两重"政策支持的项目更偏重大项目。7000亿元超长期特别国债已经分三批全部安排到项目，正在加快推进实施。2024年大项目继续支撑固定资产投资，细分领域资金投向主要包括：农业转移人口市民化公共服务体系建设；长江沿线铁路建设、干线公路、机场建设；东北黑土地高标准农田建设；"三北工程"建设；城市更新；西部陆海新通道建设；高等教育提质升级等领域建设；长江经济带生态环境保护和绿色发展；高水平科技自立自强；干线公路建设；机场建设；设备更新；物流；等等。国家统计局数据显示，2024年前10个月，计划总投资亿元及以上项目投资同比增长7.1%，拉动全部投资增长3.8%。[①]

作为拉动内需政策的重要组成部分，"两重"项目是投资的重要内容，发挥着经济社会高质量发展的"压舱石"作用。依据国家政策要求，相关部门筛选确定并下达了"两个1000亿元"提前批次的项目清单。在这份清单中，"两重"建设项目共121个，带动

---

[①] 参见王璐：《"拼经济"全力冲刺 重大项目"加速跑"》，《经济参考报》2024年11月28日。

总投资约 8800 亿元。2025 年支持"两重"项目的超长期特别国债规模可能会与 2024 年规模持平，以此加强对各地区长期项目的资金保障。目前，不少地方正加快推进"两重"项目建设。

"两重"项目对推动国家经济增长的作用发挥明显。2025 年，相关部门和地方将持续推进"两重"建设各项任务，不仅做好项目后续实施工作，还将加强在线监测和总结评估，力争各类项目尽快开工建设，以期推动更多实物工作量。一是聚焦人口高质量发展、城乡融合发展、区域协调发展，将超长期特别国债与"硬投资"紧密结合，持续优化资金投向；二是进一步完善投入机制，确保项目建设和配套改革相衔接，将"软建设"与投入效率共同考量，解决当前与长远的矛盾和问题；三是加强动态监测和定期评估，结合项目投资情况，抓紧制定出台配套政策和改革举措，尽早落地见效。

四

## 大力实施城市更新

我国城市建设和发展已经进入城市更新的新阶段。大力实施城市更新不仅能释放投资，还能释放消费潜能，为国家经济发展注入活力，实现经济回升向好。实施城市更新不仅关乎城市面貌的改善，而且能改善居民生活空间，提升居民生活质量。

21世纪以来，我国经历了规模庞大的城镇化进程。在新型城镇化快速推进过程中，城市房屋老旧、地下管网不完善、产业空心化等问题和短板也日益凸显。城市发展已经从增量扩张进入存量优化的阶段。解决"城市病"，补短板强弱项，城市更新正当时。2019年底，中央经济工作会议提出"加强城市更新和存量住房改造提升"。2020年，"实施城市更新行动"的重要性再次被提升，首次写入我国五年规划。2021年，住房和城乡建设部在21个市（区）开展第一批城市更新试点工作，城市更新行动首次写入政府工作报告。2022年，中央到地方密集发布城市更新政策。2023年，中央到各地的城市更新政策数量达到近几年的高峰，这推动了我国城市更新更高质量发展。城市更新政策更多与稳增长政策相结合，特别是围绕老旧小区改造、推进超大特大城市城中村改造进行全面部署，这将成为下阶段我国大城市实施城市更新行动的重要抓手。回顾过去几年的政策变迁，2021年，住房和城乡建设部提出"防止大拆大建"，在大的政策基调下，引导城市更新更好兼顾留改营模式，各地出台城市更新政策也更加注重留改。2022年，城市更新政策更加强调有序、落地，无论是中央层面的政策还是地方层面的政策均更加强调调动市场主体的积极性。2023年，中央和各地的政策则更加注重发挥政府统筹职能，政府统筹、市场运作的基本原则更加明晰。

2024年，中央财政创新方式方法，15个城市获得支持开展城市更新示范工作。这些城市获得中央财政的支持力度略有差异，按照区域划分，从东部地区到西部地区以及直辖市，每个城市补助总额为8亿—12亿元。获得支持的城市在资金的使用上主要涵盖四个方面：市政基础设施补短板、城市污水管网全覆盖样板区建设、城市地下管网更新改造和老旧片区更新改造。住房和城乡建设部数据显示，2024年，城镇老旧小区改造新开工5.6万个，更新改造小区内各类老化管线超过5万公里，加装电梯2.5万余部，增设停车位超过50万个。全国106个完整社区建设试点取得积极成效，19个省（市）打造37个城市儿童友好空间建设样板，386个城市新建2254个养老服务设施。[1]

2025年城市更新瞄准老旧小区当前所存在的问题，实际上就是瞄准了我国城市发展到当前这个阶段之后，在城市建设中与民生最紧密相关的短板。瞄准这些去改造，就需要投入比较大的资金量，有比较大的工程量。而党中央在发展到这个阶段之后，主动选择以老旧小区改造为特点的城市更新作为一个重要切入点，体现了对于民生工作高度负责的态度。

住房和城乡建设部表示，2025年要大力实施城市更新，谋划实施一批城市更新改造项目，全面完成2000年底前建成的城镇老旧小区改造任务，并鼓励地方探索居民自主更新改造老旧住宅。

---

[1] 参见刘苏、王建业:《全国住房城乡建设工作会议在京召开：深化改革 狠抓落实 奋力推进住房城乡事业高质量发展》，住房和城乡建设部网站2024年12月25日。

第四章
大力提振消费，提高投资效益，全方位扩大国内需求

↑图为2024年6月，江苏省如皋市如城街道一老旧小区经过改造旧貌换新颜
中新图片/吴树建

2025年要基本完成已排查出老化燃气管道的更新改造任务，基本消除县级城市建成区黑臭水体。持续实施完整社区建设、既有建筑改造利用和老旧街区更新改造、地下管网管廊建设改造、建筑市政基础设施设备更新、城市生活垃圾分类、口袋公园和城市绿道建设、公园绿地开放共享、城市居住区养老服务设施和儿童友好空间建设等民生工程、发展工程。可以预见，大力实施城市更新将会持续改善城市生态环境，加快保障和改善民生的步伐，提升人民群众的获得感、幸福感和安全感。

◀ 第五章 ▶

# 以科技创新引领新质生产力发展，建设现代化产业体系

# 第五章
## 以科技创新引领新质生产力发展，建设现代化产业体系

2024年中央经济工作会议强调："以科技创新引领新质生产力发展，建设现代化产业体系。"新质生产力是推动高质量发展的内在要求和重要着力点，创新是新质生产力的核心，以科技创新引领产业创新，催生新产业、新模式、新动能，培育未来产业，壮大战略性新兴产业，建设现代化产业体系，对推动经济持续回升向好，保持社会和谐稳定，高质量完成"十四五"规划任务具有重要推动作用，也将为我国"十五五"规划开创新局面打下良好经济基础。

# 一

# 开展"人工智能+"行动

人工智能是引领新一轮科技革命和产业变革的战略性技术，具有溢出带动性很强的"头雁"效应。发展新质生产力离不开人工智能，更离不开以人工智能为基础的未来产业。开展"人工智能+"行动，更加注重数字技术和绿色技术与传统产业的深度融合及创新运用，加快培育未来产业，将为经济发展注入新的动能和活力，助力社会生产力形成新的跃升。

2024年《政府工作报告》第一次将"人工智能+"行动写入政府文件，体现出国家以科技创新引领发展新质生产力的决心。2024年中央经济工作会议再次谈及"开展'人工智能+'行动"，意味着"人工智能+"行动已经成为国家层面的重点行动。我国一直都非常重视人工智能方面的研发和创造，据中国互联网络信息中心发布的《生成式人工智能应用发展报告（2024）》，我国建立人工智能相关企业已超过4500家，核心产业规模已接近6000亿元。最值得一提的是这些产业已经覆盖芯片、算法、数据、平台、应用等上下游各个关键环节，已初步建立了较为全面的人工智能产业体

第五章
以科技创新引领新质生产力发展，建设现代化产业体系

↑ 2024 年，我国人工智能获得前所未有的发展和突破。图为在第七届中国国际进口博览会上展出的人工智能机器人　中新图片 / 许丛军

系。伴随着初步建立的人工智能产业体系，"人工智能+"意味着人工智能技术从研发到应用再到产业打造的跨行业、跨领域、跨场景融合的全链条赋能。据工业和信息化部中国信息通信研究院发布的《人工智能发展报告（2024年）》，生成式人工智能技术加速产业化进程，到2026年，超过80%的企业将使用生成式人工智能API（应用程序编程接口），这显示出人工智能技术在各行各业的广泛应用和巨大潜力。

站在新的起点上，要加快发展新质生产力，提高我国的国际竞争力，大力开展"人工智能+"行动。首先应给予政策引导，推动人工智能技术与各行各业的深度融合。目前，国家已经通过政策、法规、意见等方式给予指导，如实施了《新一代人工智能发展规划》《促进新一代人工智能产业发展三年行动计划（2018—2020年）》《关于加快场景创新、以人工智能高水平应用促进经济高质量发展的指导意见》《关于支持建设新一代人工智能示范应用场景的通知》《关于推动未来产业创新发展的实施意见》等政策举措。随着"人工智能+"行动的深入开展，2025年，我国将建设一批未来产业孵化器和先导区，突破百项前沿关键核心技术，形成百项标志性产品，打造百家领军企业，初步形成符合我国实际的未来产业发展模式。因此，以后还需要紧随时代发展和应用需要不断进行完善，并提供具体发展蓝图和量化指标。

除国家推出政策指导外，各地方政府也积极响应政策落实。北京市发布了《北京市推动"人工智能+"行动计划（2024—2025

年）》，提出到 2025 年底力争形成 3—5 个先进可用、自主可控的基础大模型产品、100 个优秀的行业大模型产品和 1000 个行业成功案例。上海市则发布了《上海市推动人工智能大模型创新发展若干措施（2023—2025 年）》，推进大模型在智能制造、生物医药等领域的示范应用。地方政府的投资和项目落地情况也显示出地方政府对"人工智能+"行动的积极响应。例如，深圳市设立 1000 亿元规模的人工智能基金群，以支持人工智能技术的发展和应用。这些措施将大大提高我国"人工智能+"行动的速度和质量。各级政府要形成合力，实现生产力质态的新跃升，促进经济稳步提升。

企业作为"人工智能+"行动的重要参与者，需通过技术创新和应用实践，推动人工智能技术在各行各业的落地。科大讯飞、华为等企业在人工智能领域进行了大量技术创新和应用实践。科大讯飞推出的"智医助理"系统在医疗领域的应用，提高了诊疗的准确性和效率。华为推动了智能制造和智慧城市建设。IT 桔子数据显示，2024 年人工智能领域共发生 1136 起投资事件，超过 2023 年的 1034 起。涉及融资金额 6596 亿元，约是 2023 年的 2 倍。[1] 这些数据表明，企业界对"人工智能+"行动的高度参与和积极投入。企业间的合作和生态构建是"人工智能+"行动的重要组成部分。如美的集团与人工智能技术企业的合作，推动了生产线的智能化改

---

[1] 参见张雨亭：《厚植土壤！中国 AI 产业占全球 1/10，去年融资超六千亿》，南方都市报公众号 2025 年 1 月 9 日。

造，提高了生产效率和产品质量。

国家、地方政府、企业形成的合力形成推动"人工智能+"发展的重要力量，在此基础上开展"人工智能+"行动还要将着力点聚焦到人工智能与千百行业的融合。华中科技大学同济医学院附属协和医院推出的"AI智慧门诊"、海尔的"互联工厂"模式、北京市的"智慧交通"项目以及各种智能家居、智能助手、智能政务服务平台、智能投顾、在线教育、无人驾驶等，都是融合的典型案例。

未来产业是具有颠覆性、引领性的前瞻性新兴产业，它代表着科技和产业发展的新方向。如今全球各主要国家都在发展未来产业，以图在其发展过程中占据先发优势。美国提出大力支持未来产业领域的基础和应用研究，欧盟重点发展机器人、量子科技等关键技术，日本宣布促进量子技术和人工智能发展。我国要重点推进以"人工智能+"为核心的未来制造、未来信息、未来材料、未来能源、未来空间和未来健康等产业发展，建立未来产业的投入增长机制，前瞻性布局未来产业，从而引领科技进步、带动产业升级，促进生产力整体跃升，有力支撑我国现代化产业体系建设和新质生产力发展。

## 二

## 加强国家战略科技力量建设

国家战略科技力量是体现国家意志、服务国家需求、代表国家水平的科技中坚力量,是决定国家创新能力的重要因素。国家实验室、国家科研机构、高水平研究型大学、科技领军企业等是国家战略科技力量的重要组成部分。加强国家战略科技力量建设,对建设科技强国有着重要的支撑作用。

习近平总书记指出:"世界科技强国竞争,比拼的是国家战略科技力量。"[1] 新时代以来,我们以前所未有的力度大力加强国家战略科技力量建设,取得了突破性进展。我国战略性创新平台体系不断完善,战略性资源空间布局不断优化,重要科研主体能力不断提升,推动我国科技事业实现跨越式发展,发生了历史性、整体性、格局性重大变化。我国的基础研究和原始创新不断加强,一些关键核心技术实现突破,战略性新兴产业发展壮大,载人航天、探月探火、深海深地探测、超级计算机、卫星导航、量子信息、核电

---

[1] 习近平:《在中国科学院第二十次院士大会、中国工程院第十五次院士大会、中国科协第十次全国代表大会上的讲话》,《人民日报》2021年5月29日。

技术、新能源技术、大飞机制造、生物医药等取得重大成果。根据世界知识产权组织（WIPO）发布的《2024年全球创新指数报告》，我国是排名前30的经济体中唯一的中等收入经济体，在全球的创新力排名第十一位。全球十大科技创新集群榜中有七个在亚洲，中国深圳—香港—广州城市群、北京市、上海—苏州城市群、南京市排名进入前十。[①] 尽管我们取得了重大成就，但我们必须清醒地认识到，作为国家战略科技力量最核心的科技创新还有很多不足：我们的部分关键核心技术仍受制于人，没有达到完全自主创新；科技创新的内生动力不足，在创造引领未来发展的新产业、新业态方面的科技储备与发达国家相比还相差甚远；军事领域和安全领域的高技术如新型武器、网络安全方面和发达国家相比还有差距。面对由人工智能引领的新一轮科技革命和产业变革，在当前国家稳中求进的工作总基调下，在向第二个百年奋斗目标奋进的征程上，为更好推动经济高质量发展、把握发展主动权、应对国内国际发展环境的变化，我们应坚定不移坚持创新发展，健全新型举国体制，加强国家战略科技力量建设。

加强国家战略科技力量建设首先需在顶层设计和整体布局上下功夫。早在2016年我国就出台了《国家创新驱动发展战略纲要》，这是我国为实施创新发展战略制定的纲领性文件，是对我国创新发展的顶层设计。随着时代发展和现实需要，《中华人民共和国国民

---

① 参见刘赫、刘仲华：《世界知识产权组织〈2024年全球创新指数报告〉显示——中国创新能力稳步提升》，《人民日报》2024年10月10日。

经济和社会发展第十四个五年规划和 2035 年远景目标纲要》又指出制定科技强国行动纲要围绕强国建设"三步走"总体战略目标，系统谋划到 2035 年和 2050 年的发展思路和重点任务。如今，我们已经完成第一步设计，跻身创新型国家行列，正按照既定轨道有条不紊迈向第二步、第三步。在新的历史条件下，我们要依据时代发展变化和我国科技创新发展实际形成路线图、时间表，确定主攻方向、重点内容等，并在整体部署上突出协同创新，提高创新链条上的总体效能，打好关键核心技术攻坚战。

在顶层设计的引领下，加强国家战略科技力量建设还需要在基础研究、原始创新上下大力气。我国一直都非常重视基础研究工作，早在 1956 年党中央就发出"向科学进军"的号召，60 多年来，我们在基础研究领域不断取得重大成果，从"两弹一星"关键科学问题到哥德巴赫猜想证明到"863"计划、"973"计划，再到纳米技术、生命科学、量子信息和通信、非线性光学晶体、海洋科学等，每一个成果都凝聚了国家集智攻关的力量，也为后期的基础研究奠定了坚定的基础。在跻身创新型国家前列的关键时期，要把基础创新和原始创新摆在更加突出重要的位置，更加注重基础研究，以深化体制机制改革为引领，以国家重大项目为抓手，以系统性体系性建设为目标，以学科交叉融合为手段，不断优化研发布局，鼓励科学创新自由探索，组织一大批重大基础研究任务，建成一大批重大科技基础设施，让基础前沿方向重大原创成果持续涌现。

加强基础研究是从底层和源头解决科技创新关键性问题，加强国家战略科技力量建设不仅要在基础上下功夫，还要在具有前瞻性、战略性的国家重大项目和科技计划中有所突破。如今，我国已部局建设57个重大科技基础设施，像中国"天眼"、全超导托卡马克核聚变实验装置等设施已经处于国际先进水平；已有4000余家单位9.4万台（套）大科学仪器和82个重大科研设施纳入科技共享网络，初步形成"3个国际科技创新中心+N个综合性国家科学中心"创新空间布局，实施了一批人工智能、空天科技、深海深地等重大科技项目。在深入推进国家战略科技力量建设的过程中，要在现有的基础上不断创新完善，不断推进科技人才、科研院所、高校企业以及企业科技力量的融合式发展，不断优化各项资源配置，形成资源共享，实现从0到1的颠覆性改变。通过推进国家实验室建设，以国家之力形成合力，重组国家重点实验室，在现有科技创新的布局上支持北京、上海、粤港澳大湾区形成国际科技创新中心，引导社会科技创新要素加快流动，形成多层次、全要素、体系化的科技创新布局。同时，要加大国际创新合作力度，广泛开展国际合作研究。

加强国家战略科技力量建设，不仅要靠顶层设计、加强基础研究、加强基础设施建设和提供各项物质基础保障，更重要的还是要靠人才，靠高科技人才。我国一直都非常重视科技人才队伍建设，深入实施人才强国战略。我国实施了"中学生英才计划""强基计划""基础学科拔尖学生培养试验计划"等专项计划，也有"双一流"建设高校人才主力军培养方式。我们不断加大青年人才培养力度，积极促进青年人才勇挑大梁、勇担重任，如大家熟悉的航天科技骨干人员平均年龄 28 岁，青年科技人才在科技创新方面发挥着重大作用。在培养人才的同时，我们还要积极引进海外优秀人才，加大人才队伍建设力度，发挥创新团队作用，在人才引进、人才评价、作风建设等方面不断创新举措。同时，不仅注重物质激励，还要注重精神激励，用"两弹一星"精神、科学家精神、载人航天精神、北斗精神、探月精神等教育引导广大科技工作者传承中国老一辈科学家的光荣传统，坐好"冷板凳"，发扬科学精神，为新征程大力加强国家科技战略力量塑造良好生态。

当今世界，科技是第一生产力、第一竞争力。"苟日新、又日新、日日新"，创新是引领发展的第一动力，是牵动新时代我国经济社会发展全局的"牛鼻子"。在实现经济高质量发展过程中，创新发展决定着经济发展的速度、发展的效能以及发展的可持续性。科技创新是新质生产力的核心要素，以科技创新引领新质生产力不仅要加强国家战略科技力量建设，还要健全多层次金融服务体系。

三

## 健全多层次金融服务体系

金融是我国国民经济的血脉，是国家核心竞争力的重要组成部分。发展新质生产力离不开全方位、多层次、全周期、系统性的金融服务。深化金融供给侧结构性改革，壮大耐心资本，更大力度吸引社会资本参与创业投资，梯度培育创新型企业，构建同新质生产力相适应的生产关系，为建设现代化产业体系提供有力金融支撑是保持经济稳定增长、完成经济社会发展目标任务的重要环节。

科技创新需要大量的资金支持，不同类型、不同发展阶段、不同主体的科技创新活动对资金的规模大小、数额多少以及类别是不同的，这就需要金融机构提供差异化的服务，以提升金融服务的针对性、时效性。多年来，我国已初步建成了全方位多层次的金融服务体系，其包括银行信贷、创业投资、资本市场和政府引导基金在内。随着新质生产力的发展，与发达国家资本市场相比，我国资本市场发展还比较滞后，真正的高收益债券市场还处于起步阶段，创业投资还有很大发展空间，金融供给还不能满足科技创新发展的需求，这就需要我们在当下进一步促进科技金融体系发展。

健全多层次金融服务体系要壮大耐心资本。党的二十届三中全会通过的《中共中央关于进一步全面深化改革、推进中国式现代化的决定》指出，鼓励和规范发展天使投资、风险投资、私募股权投资，更好发挥政府投资基金作用，发展耐心资本。耐心资本在2024年成为热词，所谓耐心资本是相较于其他资金而言的，它不仅对资本回报有较长期限展望，更对风险有较高的承受能力。它通常不以追求短期收益为首要目标，不受市场短期波动干扰，因此它更关注企业研发投入、技术创新、人才汇聚等，更敢于投更早期、更小型、更硬实的科技企业，可以为企业提供稳定的现金流。依据其特点可以看出，耐心资本主要来源于政府基金、养老基金、保险基金等。如今，很多地方政府积极强化金融创新，壮大耐心资本，为高质量发展主动赋能。如安徽省组建运营安徽省新兴产业引导基金体系，截至2024年底，已累计设立母子基金154只，实缴规模合计616.23亿元，累计投资项目637个。截至2025年1月，安徽省开展金融支持科创企业"共同成长计划"签约银行108家，签约企业超1.1万户，贷款余额超1600亿元。[1]

壮大耐心资本，发展新质生产力，要大力引导中长期资金入市，打通社保、保险、理财等资金进入资本市场的堵点、难点，提振资本市场，更大力度吸引社会资本投资，全面提升金融服务质效。一方面，要准确识别具有发展潜力的新兴产业或未来产业，确保金融资源能够高效配置，可以借助大数据、人工智能技术，对企业的核心竞争力、行业未来发展潜力、市场经营环境、市场发展信心等各项数据进行评估，以对投资企业有更长期性的投资展望。另一方面，要提高对中长期资金投资的监管包容性，完善监管体制机制，打通影响保险资金长期投资的制度障碍，形成良好的制度环境。从政府层面而言，需要多部门协同发力，使政府政策和金融服务并向前行形成合力，推动产业与科技、科技与金融、金融与产业

---

[1] 参见刘一枫、吴正懿：《赋能科创　培育耐心资本的"安徽解法"》，《上海证券报》2025年1月20日。

深度融合、良性循环。如 2023 年 7 月，国家发展改革委固定资产投资司、国家信息中心与国家开发银行等七家银行共同签署了投贷联动试点合作机制框架协议，为银行加快审贷力度提供支撑。对基金公司而言，要端正经营理念，努力创设更多满足百姓需求的产品，这样才能使国家推动发展权益类公募基金，为投资者创造长期收益。

耐心资本作为一种资本也有风险，因此在采取各种措施促进资本市场发展的同时，也要时刻警惕防范化解各种金融风险。首先，要健全金融监管体制机制，维护金融稳定。随着新产业、新业态的不断涌现，更多复杂多样、风险渠道更加隐秘复杂的金融风险会相伴而生，要通过各项法律法规守住不发生系统性金融风险的底线。2023 年 10 月我国发布的《国务院关于推进普惠金融高质量发展的实施意见》对加快中小银行改革化险、完善中小银行治理机制、坚决打击非法金融活动给予了实质性的指导意见。其次，要设立金融稳定保障基金，确保金融稳定安全。2022 年《政府工作报告》指出：设立金融稳定保障基金，运用市场化、法治化方式化解风险隐患，牢牢守住不发生系统性风险的底线。金融稳定保障基金由公共部门管理，运用公共资金或行业资源对特定金融机构进行救助处置和市场出清，化解金融风险隐患，可以通过稳定支持贷款、参与金融机构重组、预防性金融救助，以及对一级市场和二级市场进行适当干预的方式进行。最后，要探索拓展中央银行宏观审慎与金融稳定功能，创新金融工具，维护金融市场稳定，持续改善资本市场生态。要严厉打击各种违法违规行为，坚持宽容和严管并举，更大力度吸引社会资本参与创业投资，塑造中长期投资"愿意来、留得住、发展得好"的金融生态环境。

四

## 综合整治"内卷式"竞争

习近平总书记指出，要从构建新发展格局、推动高质量发展、促进共同富裕的战略高度出发，促进形成公平竞争的市场环境。公平竞争的市场环境需要摒弃"内卷式"的恶性竞争，构建新兴产业和未来产业等领域良好竞争生态，促进产业结构优化升级，加快培育形成新质生产力，以高质量发展的实际成效全面推进强国建设、民族复兴伟业。

2024年中央经济工作会议明确指出要综合整治"内卷式"竞争，规范地方政府和企业行为。竞争有利于促进企业的发展、提高生产效率和劳动者福利。综合整治"内卷式"竞争并不是不要竞争，而是要摒弃"内卷式"恶性竞争。"内卷式"恶性竞争是在资源有限的情况下，经营主体通过无限制地压价、模仿等手段争夺市场份额，导致整体行业效益下降、创新能力受抑的现象。其显著特点是"内耗"。这种"内耗"式无效竞争不仅会间接损害市场公平，导致人力资源浪费或市场失灵，也会让企业陷入无意义的努力状态，进而影响我国企业的竞争力。比如，在容量有限的市场内，一些企业为了生存，通过降价、生产"山寨"产品等方式获得竞争优势。最明显的例子是在新能源汽车领域，基于各个企业之间激烈的竞争，从2023年底到2024年初，众多新能源汽车企业一头扎进"价格战"。"内卷式"竞争不仅涉及企业，也涉及地方政府。一些地方政府为了抢抓"风口"，不考虑产能和企业数量、结构，一味上马新兴产业，结果造成低水平重复建设、产业同构等问题。如随着近年来光伏产业的发展，作为新兴产业，政策支持赋予光伏产业极佳前景。一些地方政府纷纷通过减税、水电优惠、代建产房，甚至返还固定资产投资等方式招商引资，造成一些企业跨界投资光伏产业。一哄而上的结果是造成我国光伏产业链各个环节销售份额迅速下跌，2024年前10个月整个光伏制造端（不含逆变器）产值比从2023年同期下降43.17%[1]，造成行业的极大浪费。

综合整治"内卷式"竞争，一方面，可以避免恶性竞争造成的资源浪费和低效率竞争，能驱使企业从价格竞争转向价值竞争，当企业都为价值进行竞争时就可以大大提高资源配置效率，在政府宏观调控下，积极引导资本向科技创新产业或颠覆性产业领域流动。

---

[1] 参见李东海:《"量增价减""内卷不断" 光伏产业如何应对困境走出"寒冬"?》,《中国电力报》2024年12月16日。

第五章
以科技创新引领新质生产力发展，建设现代化产业体系

↑我国新能源汽车产业要走高质量发展之路，强化行业自律，防止"内卷式"恶性竞争。图为安徽省合肥市长丰县某新能源汽车厂区整齐停放的新能源汽车正在等待装车销往国内外市场　中新图片／左学长

资本流向科技创新企业有利于促进整个社会的创新并推动企业上下游产业协同创新，形成创新合力，提高整体效率，促进整个生产力的发展。另一方面，可以有效反对形式主义、官僚主义。在"内卷式"竞争下，一些地方政府刻意设置市场壁垒，利用行政手段不许外地企业参加招标；为了追求自身利益，争夺投资项目，一些地方政府违规实施税费、用地等各类优惠，人为制造"政策洼地"，使招商引资陷入盲目无序，干扰了资源、要素的合理流动。这既造成了效率低下和资源浪费，也加剧了产业同构与价格"内卷"，加剧了社会不平等，抑制了创新活力和可持续发展能力。同时，综合整治"内卷式"竞争可以增强各部门之间的联系，对本位主义等形成一定制约，从而提高政策的整体效能和执行力，推动干部树立正确的政绩观，营造良好营商环境，稳定社会发展大势。

为了消除"内卷式"竞争带来的种种弊端，2024年中央经济工作会议明确提出，综合整治"内卷式"竞争，规范地方政府和企业行为。要下大力气整治"内卷式"竞争，不能让其成为影响科技创新、掣肘新质生产力发展的破坏性因素。综合整治"内卷式"竞争可以从以下几个方面入手。

首先，加快经济结构优化从而推动产业升级。一方面，对传统产业进行技术改造和转型升级，使一大批传统产业利用新一轮科技革命和产业变革的档口创造一番新天地。如作为以纺织服装和卫浴等传统产业为优势的经济大省，近几年来，福建省一些企业通过数字化智能化顺利转型成功。另一方面，加大对新兴产业的投入力度。通过政策引导和市场机制，加大对高新技术企业、先进制造业、战略性新兴产业的支持力度，创造更多高质量的就业机会和经济增长点，促进新产业、新模式、新业态加快成长。

其次，鼓励科技创新，提升竞争力和影响力。新产业、新模式、新业态的形成需要科技创新提供不竭动力。科技创新需要政府、社会、企业、个人共同努力，政府从体制机制方面入手释放企业动力活力，塑造良好创新环境，支持企业盯紧目标，不断促进科技创新、组织创新、产品创新；加强知识产权保护，鼓励高校和科研院所主动积极开展前沿科技研究和成果转化，为创新提供各种保障，促进创新落地见效；人才是促进创新的重要主体之一，人才的培养和使用关乎各创新主体能否发挥作用。综合整治"内卷式"竞争需要从培养人才入手，优化教育资源配置，缩小城市与乡村、沿海与内地、东部与中西部的教育差距，使各个区域的学生都能享受到优质的教育资源，使教育体系更加公平、公正、高效、创新，促进学生全面发展。同时，要在教育方式上拓展各种职业教育和加强技能培训，发挥职业教育优势，培养学生的创新意识和创新思维，为科技创新打下良好基础。

最后，规范市场秩序和各行业行为。公平竞争的市场环境需要全行业的标准和规范来维护，国家要建立标准和规范，明确市场竞争的规则和底线，防止出现恶性竞争和价格战等不正当竞争行为。加强对不正当竞争行为的监管和处罚力度，严厉打击价格欺诈、虚假宣传等违法行为。随着行业协会和商会等社会组织的不断增多，我们也要引导这些社会组织积极发挥作用，推动行业自律和社会诚信体系建设，促进行业良性发展，为促进科技创新引领新质生产力发展，加快建设现代化产业体系贡献力量。

# 第六章

# 发挥经济体制改革牵引作用，推动标志性改革举措落地见效

# 第六章
## 发挥经济体制改革牵引作用，推动标志性改革举措落地见效

2024年中央经济工作会议确定的2025年九项重点任务之一即"发挥经济体制改革牵引作用，推动标志性改革举措落地见效"，这是对党的二十届三中全会通过的《中共中央关于进一步全面深化改革、推进中国式现代化的决定》中"以经济体制改革为牵引"的再次强调和具体部署。面对当前复杂严峻的国内外经济形势，只有牵住了经济体制改革这个"牛鼻子"，才能有力推进收入分配、社会保障、科技创新等领域标志性改革举措，才能推动全方位、全领域、全范围改革激发潜力、同向发力、形成合力，为全面推进中国式现代化提供坚实物质基础和坚强制度保障。

一

## 高质量完成国有企业改革深化提升行动

国有企业是中国特色社会主义的重要物质基础和政治基础，关系公有制主体地位的巩固，关系我们党的执政地位和执政能力建设，关系我国社会主义制度。国有企业作为市场经济的重要主体，在我国经济高质量发展中发挥着重要作用。

国有企业改革的根本任务是积极探索社会主义公有制的多种实现形式，实现社会主义公有制与市场经济的有机结合。自1978年党的十一届三中全会拉开改革开放的序幕，我国的国有企业（1992年以前称为国营企业）改革也开始了循序渐进、逐步摸索、不断深化的历程。1984年10月，党的十二届三中全会通过了《中共中央关于经济体制改革的决定》，由此拉开全面经济体制改革的序幕，经济工作重心也从农村转向城市。作为经济体制改革的主要内容，国有企业改革难度最大，它决定着中国社会主义前进的方向，直接关系到改革、发展、稳定三者的平衡。由此，经济体制改革的中心环节就是增强国有企业活力。

国有企业改革在放权让利中起步，从扩大企业自主权到"利改税""拨改贷",企业承包经营责任制的全面推行发挥了特别重要的积极作用。起步阶段的国有企业改革基本上是在传统的计划经济体制框架内进行,政府部门仍是企业的管理者,主要调整政府对国有企业的管理方式和分配关系,变下达计划为主导承包谈判,以调动企业和职工发展生产的积极性。企业不会破产,职工不会下岗,不触碰存量难题,不触动既得利益,单方向激励措施难以持续。改革进入深水区,国有企业改革亦进入攻坚阶段,我国国有企业改革的思路和内涵发生了重大改变。国有企业改革进一步从以放权让利为主转向以机制转换、制度建设为主,这必然要求建立现代企业制度,以适应社会主义市场经济体制。1993年11月,党的十四届三中全会明确提出要建立"产权清晰、权责明确、政企分开、管理科学"的现代企业制度,并对100家国有大中型企业进行试点、在18个城市进行优化资本结构和资产重组的配套改革,促使国有企业成为自主经营、自负盈亏、自我发展、自我约束的市场主体。从1998年开始,国家采取"债转股"、"技改贷"、贴息、兼并、破产等一系列政策措施,通过改革、改组、改造和加强管理,如期完成了国有企业改革脱困的三年目标,基本实现了国有经济布局的战略性调整。党的十六大报告明确提出,必须毫不动摇地巩固和发展公有制经济,必须毫不动摇地鼓励、支持和引导非公有制经济发展。坚持公有制为主体,促进非公有制经济发展。两者统一于社会主义现代化建设的进程中,不能把这两者对立起来。各种所有制经济完

读懂中国经济的优势和未来

↑党的二十届三中全会对国有企业改革作出部署，明确要求"推动国有资本和国有企业做强做优做大，增强核心功能，提升核心竞争力"。图为国有企业吉林化纤股份有限公司生产线一隅　中新图片/田雨昊

## 第六章
### 发挥经济体制改革牵引作用，推动标志性改革举措落地见效

全可以在市场竞争中发挥各自优势，相互促进，共同发展。[1]

高质量完成国有企业改革深化提升行动是推动国有企业加快培育和发展新质生产力的重要途径，是实现我国经济高质量发展的标志性举措。不断解放和发展生产力，推动生产力的高质量发展，是人类现代化进程遵循的普遍规律，也是社会主义制度的本质要求。相对于传统生产力而言，新质生产力代表一种生产力的跃迁，它是以新技术、新产业、新业态为主要内涵，以科技创新发挥主导作用、符合高质量发展要求的生产力，是先进生产力的具体体现。党的十八大以后，中国特色社会主义进入新时代，中国社会主要矛盾发生变化，中国经济从高速增长转向高质量发展，中国经济增长进入中高速的新常态。面对世界百年未有之大变局，面对"三期叠加"的经济形势，中共中央开展了以供给侧结构性改革为主的全面深化经济体制改革，国有企业在做强做优做大中成为党和国家最可信赖的依靠力量，成为坚决贯彻执行党中央决策部署的重要力量，成为贯彻新发展理念、全面深化改革的重要力量，成为实施"走出去"战略、共建"一带一路"倡议等重大战略的重要力量，成为壮大综合国力、促进经济社会发展、保障和改善民生的重要力量，成为我们党赢得具有许多新的历史特点的伟大斗争胜利的重要力量。[2] 由此可见，国有企业在中国式现代化建设中处于主导

---

[1] 参见中共中央文献研究室编：《十六大以来重要文献选编》（上），中央文献出版社2011年版，第19页。

[2] 参见《坚持党对国有企业的领导不动摇 开创国有企业党的建设新局面》，《人民日报》2016年10月12日。

地位，充分体现出社会主义经济制度的优越性。2020年以来，在习近平总书记亲自谋划、亲自部署、亲自推动下，我国先后实施《国企改革三年行动方案（2020—2022年）》《国有企业改革深化提升行动方案（2023—2025年）》两项重大改革。通过抓重点、补短板、强弱项，不断提高国有企业治理水平，促进我国经济高质量发展。在新一轮国有企业改革中，我国以增强核心功能、提高核心竞争力为重点，聚焦国之大者、围绕国之所需，构建现代化产业体系和新发展格局，推动国有企业有效发挥科技创新作用、产业控制作用和安全支撑作用，更好实现经济属性、政治属性、社会属性有机统一。国有企业改革深化提升行动2024年第四次专题推进会指出，各地、各中央企业改革深化提升行动70%以上主体任务已经完成。如果说2023年是国有企业改革深化提升行动的启动之年，2024年是承上启下的攻坚之年，那么2025年则是全面收官之年。本轮改革坚持重实质、重实绩、重实效的鲜明导向，区分体制机制类改革和功能使命类改革，前者是改革生产关系、解放并发展生产力，后者就是形成新质生产力，两者将共同促进国有企业在科技创新、产业控制、安全支撑等方面取得标志性成果。这必然要求我们乘势而上、攻坚克难，全力以赴高质量完成国有企业改革深化提升行动，高起点谋划后续改革工作。

第六章 发挥经济体制改革牵引作用，推动标志性改革举措落地见效

## 二

## 出台民营经济促进法

党的二十届三中全会提出，要制定民营经济促进法。2024年中央经济工作会议部署2025年工作时明确强调"出台民营经济促进法"。制定并出台民营经济促进法，亦成为推动2025年经济体制改革的标志性举措。

作为社会主义市场经济重要组成部分的民营经济，是社会稳定的"压舱石"，是经济创新的"主战场"，是高质量发展的"培养基"，是中国式现代化的"必需品"，为推动实现中华民族伟大复兴发挥重要力量。《中华人民共和国宪法》第十一条明确规定了非公有制经济在社会主义市场经济中的重要地位。自改革开放以来，我们对非公有制经济的认识，经历了从"必要的、有益的补充"到"共同发展"的转变，再到"社会主义市场经济的重要组成部分"的深化。作为非公有制经济重要组成部分的民营经济，自然也在社会主义市场经济中占据着不可或缺的重要地位。对民营经济最形象的描述是"五六七八九"，就是说民营经济为国家经济发展贡献了50%以上的财政税收、60%以上的国内生产总值、70%以上的技术

创新成果、80%以上的城镇劳动就业、90%以上的企业数量。面对复杂严峻的国际环境、艰巨繁重的国内任务，民营经济能够充分发挥基础作用，积极开展生产经营活动，为国民经济持续增长提供强劲动力，并适时参与国家重大战略实施；民营经济能够充分发挥创新主体作用，不断提高自身能力，全力推进自主创新，着力改善技术条件，创新经营模式，大力强化战略性新兴产业，奋力开拓未来产业；民营经济能够充分发挥独特的保障作用，积极为社会人口提供就业机会和就业岗位，不断满足人民日益增长的美好生活需要。民营经济还能够充分发挥宣传作用，成为闪亮的"中国名片"，聚力提升贸易质量，开拓国际市场，促进进出口平衡发展，推动形成新型国际生产网络，扩大我国的国际影响力与感召力。

促进民营经济持续、健康、高质量发展，是国家长期坚持的重大方针政策。截至2024年9月，我国登记在册的民营企业数量已经超过5500万户，个体工商户有1.25亿户，民营企业经营主体达到1.88亿户，民营企业在企业总量中的占比稳定在92.3%。2024年，民营企业进出口额24.33万亿元，同比增长8.8%，占我国外贸总值的比重提升至55.5%，成为稳外贸的重要力量。因此，要切实落实"两个毫不动摇"，必须高度重视民营经济的蓬勃生机与积极效应，为民营经济的高质量发展撑腰鼓劲，为民营经济促进法的出台鼓掌喝彩。

民营经济促进法是民营经济领域固根本、稳预期、利长远的首部基础性法律，制定、出台民营经济促进法标志着中国特色社会主义市场经济走向了发展成熟的阶段,这对于新时代民营经济高质量发展具有重大意义,对于多种所有制经济共同发展具有极其重大的意义。"欲筑室者,先治其基。"法律制度具有刚性和稳定性,《中华人民共和国民营经济促进法(草案)》共有9章77条,首先明确促进民营经济发展的总体要求,落实平等对待、平等保护的基本要求,然后从公平竞争、投资融资、科技创新、规范经营、服务保障、权益保护、法律责任等方面作出了具体规定,并坚持把我党我国发展民营经济的方针政策和实践做法转化为法律制度。在鼓励支持民营经济发展壮大的同时,又注重对民营经济加强规范引导,促进民营经济健康发展和民营经济人士健康成长,真正回应并落实民营企业及民营企业家的诉求,回应他们对公平竞争、政策同等、法律平等的长期期盼与呼吁,以提振民营企业和企业家信心。民营经济地位在法律上得到了确立,民营经济发展得到了法律的支持,民营经济权益得到了法律的保障。

为回应民营经济发展"地位平等、共同发展、公平竞争、互惠合作、平等监管与平等保护"六大基本诉求,民营经济促进法确认民营企业平等的政治、法律与社会地位,为民营经济的高质量发展提供法治"定心丸"。"法治是最好的营商环境。"2024年中央经济工作会议作出"出台民营经济促进法"的重要部署,结合民营经济发展新情况新问题,需要重点考虑如何推动解决公平竞争的问题,其核心关切就是保证民营企业依法参与市场公平竞争、依法平等使用生产要素、依法同等受到法律保护。比如,推进竞争性基础设施领域面向经营性主体公平开放以破除市场准入壁垒；支持有能力的民营企业牵头承担国家重大技术攻关任务。要重点考虑解决拖欠账款问题。2023年以来，有关部门已组织开展了清欠专项行动并取得积极成效，2025年要在进一步深入推进相关工作中落实地方政府属地责任，用好地方政府新增专项债务等政策，尽最大可能加快偿还拖欠企业账款，一方面要求中央企业、国有企业继续带头发挥清欠作用，另一方面对拖欠中小企业的账款做到"应付快付、应付尽付"，还要强化失信惩戒，落实解决账款拖欠问题长效机制，健全法律法规和制度体系。要重点考虑开展规范涉企执法专项行动，这是2024年中央经济工作会议的重要部署，意味着既要严肃查处各类违法违规行为，又要集中整治乱收费、乱罚款、乱检查、乱查封等，有效维护好民营企业及民营企业家的合法权益，为各类经营主体着力营造安全稳定的发展环境。

三

## 制定全国统一大市场建设指引

制定全国统一大市场建设指引是构建全国统一大市场的首要条件和重点关切。2024年《政府工作报告》指出，"加快全国统一大市场建设"，"制定全国统一大市场建设标准指引"。这些都明确表达出，研究制定全国统一大市场建设指引是国家的现实迫切需要。

构建全国统一大市场，是构建新发展格局的基础支撑，是推动高质量发展的重要保障，是促进国内国际双循环有序运行的必要举措，是实现中国式现代化的必由之路。概括地说，全国统一大市场就是五"统"一"破"。五"统"，是指统一的基础制度规则、联通市场设施、要素资源市场、商品服务市场和市场监管；一"破"指破除地方保护。从党的二十大报告提出"构建全国统一大市场，深化要素市场化改革，建设高标准市场体系"，到党的二十届三中全会明确强调"构建全国统一大市场。推动市场基础制度规则统一、市场监管公平统一、市场设施高标准联通"；从制定《中共中央、国务院关于加快建设全国统一大市场的意见》，到出台建设全国统一大市场总体工作方案，顶层设计不断完善、政策举措有力有效，推动全国统一大市场建设稳步前行、走深走实。一头连生产，一头连消费，高标准物流体系建设是市场联通的关键力量，堪称全国统一大市场建设宏伟蓝图里的核心板块。据全国组织机构统一社会信用代码数据服务中心统计，截至2024年底，我国现代物流服务业相关企业总量超过114万家。一件件包裹穿梭于东西南北，编织出物畅其流的全国统一大市场。昆明鲜花隔日即可抵达北上广深及上千县市，赣南脐橙24小时就能实现从枝头到餐桌的跨越，苏、沪等地居民可以当日品鲜阳澄湖大闸蟹……截至2024年底，国家邮政局监测数据显示，我国快递业务量突破1700亿件。

读懂中国经济的优势和未来

↑ 2024 年，我国全国统一大市场建设再次加速，多项改革措施陆续落地，为我国经济高质量发展注入了新的动力。如今昆明鲜花隔日即可抵达北上广深及上千县市。图为生意火爆的昆明花市　中新图片 / 李嘉娴

## 第六章
### 发挥经济体制改革牵引作用，推动标志性改革举措落地见效

构建开放、有序、高效的全国统一大市场，既要"立规建制"，又要"破除藩篱"。"立规建制"保障市场有序发展，"破除藩篱"保证要素自由流动，二者协同推进。2024年中央经济工作会议首次提出的"综合整治'内卷式'竞争，规范地方政府和企业行为"，就是公平竞争治理至关重要的举措之一。同行业企业、同地区行业以及不同地区之间，都有可能出现"内卷式"竞争，这导致市场活力降低、产业难以升级，严重阻碍全国统一大市场的健康形成与发展。破除"内卷式"竞争的藩篱，政府要发挥较大作用，应当积极出台相应规章制度，为企业明确底线规定，同时加大资源投入，优化营商环境，为企业发展提供更多的选择方向与机会。国家市场监督管理总局数据显示，自2023年6月开始，国家市场监督管理总局联合国家发展改革委等相关部门组织开展了妨碍统一大市场和公平竞争的政策措施清理工作。各地区、各部门共梳理涉及经营主体经济活动的各类政策措施690448件，清理存在妨碍全国统一大市场和公平竞争问题的政策措施4218件，[1]有力破除了一批行政性垄断堵点，有效制止了地方保护和市场分割行为。同时，相关部门完善了防范不当市场干预行为的长效机制，增强了各地维护市场公平竞争秩序的思想自觉和行动自觉，有力推动了全国统一大市场建设。

---

[1] 参见杨曦：《市场监管总局：清理妨碍统一大市场和公平竞争问题的政策措施4218件》，人民网2024年3月28日。

构建公平竞争、高效规范、充分开放的全国统一大市场，是党中央从全局和战略高度作出的重大决策，是构建新发展格局的基础支撑和内在要求，是制定全国统一大市场建设指引的目标指向。在人类历史上，构建全国统一大市场的制度变革并没有成功经验可以借鉴。发达国家一般采用市场经济先行，区域间贸易障碍和冲突问题的解决主要依靠法治体系的方法，由此建设国内统一大市场。我国构建全国统一大市场要实现有为政府和有效市场的良性互动，同时强调竞争政策和破除垄断作用，促进中央政府主动作为和各级地方政府积极推动的共同发挥。也就是说，通过制定全国统一大市场建设指引来指导地方政府。2024年中央经济工作会议提出制定全国统一大市场建设指引，对加快推进全国统一大市场建设作出再部署。就《中共中央、国务院关于加快建设全国统一大市场的意见》所提出的改革目标来看，必须对突出的堵点卡点问题展开专项整治行动。此外，建设全国统一大市场的根本措施就在于消除抑制市场一体化的经济动机，即通过制定科学的全国统一大市场建设指引，铲除滋生市场分割和地方保护的不良"土壤"，积极、主动、统一拆除各项具体的隐形"篱笆"，为构建全国统一大市场培育优良的制度环境。制定全国统一大市场建设指引必须考虑一些约束条件，比如，中央政府产业政策的主导性和地方政府的积极性是要统筹兼顾、同时发挥作用的。现代产业组织理论常用"结构—行为—绩效"这一理论框架来分析市场建设，因此可以从环境、结构、行为、绩效、监管五个市场建设方面来对其进行适当修正，将全国统一大市场建设的标准规范纳入其中。

四

## 深化资本市场投融资综合改革

资本市场是经济体制改革的核心领域之一，投融资综合改革被视为完善资本市场功能、提高市场效率的关键。投融资综合改革有助于增强市场内在稳定性，优化投资结构，提高市场对各类风险的抵御能力，确保资本市场的长期健康稳定发展。

投资功能和融资功能是资本市场功能的一体两面，二者相辅相成，相互促进。2024年中央经济工作会议强调"深化资本市场投融资综合改革"，这一部署要求既要在融资端下大力气，又要在投资端久久为功。促进资本市场功能更好发挥是一项系统性工程，必须树立投资、融资并重的发展理念，不断提高市场内在稳定性与资源配置效率，不断夯实资本市场健康平稳发展的基础，为国家经济高质量发展提供坚实支撑。在投资端，打通中长期资金入市卡点堵点，引入更多增量资金，成为促进资本市场功能发挥的关键。为稳定地向资本市场提供资金来源，中长期资金成为入市主力，形成包括保险、养老金等在内的多层次长期资本供给体系。2024年，权益类ETF（交易型开放式指数基金，也称为交易所交易基金）规模突破3万亿元大关，发展势头良好。

2024年9月，《关于推动中长期资金入市的指导意见》出台，为打通中长期资金入市的堵点痛点展开分类施策。在融资端，发展直接融资规模，促进市场融资规模和节奏更加科学合理，这是资本市场服务新经济、培育新动能，服务国家重大战略的必然要求。2024年以来，《资本市场服务科技企业高水平发展的十六项措施》《中国证监会关于深化科创板改革、服务科技创新和新质生产力发展的八条措施》《关于深化上市公司并购重组市场改革的意见》等相继发布，助力完善多层次资本市场体系建设，进一步优化市场结构、激发市场活力，为资本市场更好服务科技创新和新质生产力提供政策支持。资本市场在改革中产生，也在改革中不断发展壮大。要集改革之合力，促进资本市场实现量的总体平衡和质的持续提升，推进改善上市公司投融资环境，提升我国居民财富效应，增强全球投资者对我国经济和市场的信心。深化资本市场投融资综合改革，增强资本市场制度的包容性、适应性，提高服务新质生产力发展的能力，成为新一轮改革的核心。资本市场是培育新质生产力的重要引擎，服务新质生产力发展是资本市场的重要责任，发展新质生产力又是推动高质量发展的内在要求和重要着力点。要鼓励产业整合升级，培育耐心资本，政策应围绕提高配置效率、建设多层次市场体系和强化监管三大主线进行部署。

深化资本市场投融资综合改革，需要进一步营造支持创新市场生态，这就要求重点提高新产业新业态新技术的包容性、适应性，从而增强资本市场制度的包容性、适应性。这是通过不断优化相关政策和机制来提升的一种资本市场服务实体经济能力。并且，资本市场之所以能够更好满足不同类型企业的需求，也得益于这种制度不断增强的包容性、适应性，尤其以科技型企业包容性提升最为显著。因对科技创新领域重视程度的不断提升，国家在政策层面上，必将不断增强资本市场对科技企业的包容性。截至2024年12月30日，交易所发行科创债537只，发行规模合计达6111.51亿元，发行数量和规模分别较2023年同比增长68.87%和75.17%。[①]与此同时，从发行趋势来看，年内科创债的发行呈现出发行方式多样化、发行主体信用评级高、票面利率较低、发行规模较大、发行期限灵活等特点。科创债的发行，将为科技创新企业提供稳定的资金支持，推动科技创新项目顺利落地，进一步发挥债券市场对经济高质量发展的促进作用。为进一步优化创新市场生态，要从以下几个方面着手：一是优化注册制改革。科创企业需要更加包容的市场环境，这就要通过提高审核效率、提升信息披露质量来为其打造更好的市场环境。二是优化再融资政策与并购政策。要通过资本市场，便利资金募集，实现技术整合，促进产业链延伸，进行市场拓展，完成科创企业的融资并购。三是深化资本市场多层次协调发展。对

---

[①] 参见田鹏:《年内科创债发行数量及规模齐升　提升债市服务实体经济能力》,《证券日报》2024年12月31日。

于不同功能的科创板，要强化其分工；对于各个不同板块之间的机制协同，要不断优化；对于处于不同阶段的科创企业，即初创型、成长型和成熟型科创企业，要为其提供差异化服务；根据科创企业成长发展需求，要实现全生命周期覆盖。

◀ 第七章 ▶

# 扩大高水平对外开放，稳外贸、稳外资

# 第七章
## 扩大高水平对外开放，稳外贸、稳外资

2024年中央经济工作会议特别强调"扩大高水平对外开放，稳外贸、稳外资"，并从"有序扩大自主开放和单边开放，稳步扩大制度型开放，推动自由贸易试验区提质增效和扩大改革任务授权"，"积极发展服务贸易、绿色贸易、数字贸易"，"深化外商投资促进体制机制改革"，"稳步推进服务业开放，扩大电信、医疗、教育等领域开放试点"，"推动高质量共建'一带一路'走深走实"等方面提出系列举措。这为进一步全面深化改革、扩大高水平对外开放指明了方向，也为在高水平对外开放中不断推进中国式现代化提供了重要遵循。

一

# 有序扩大自主开放和单边开放，稳步扩大制度型开放

自主开放和单边开放是我国以对外开放的主动赢得经济发展主动、国际竞争主动的必然选择，也是不断以中国新发展为世界提供新机遇的实际行动。稳步扩大制度型开放，是完善高水平对外开放体制机制、建设外贸强国的重要着力点。

扩大自主开放是新时代对外开放的重要特征。自主开放反映了主动扩大开放的意愿，与被动开放、被迫开放相对应，可以理解为在没有国际条约和承诺的约束下，立足我国自身发展需要，兼顾与世界良性互动需要，结合不同行业和领域特点，有节奏、有范围、有层次地主动开放。扩大自主开放，一方面体现在"以我为主"，既不是只能在对等原则下才开放，也不是迫于外界压力不得已开放，而是根据我国现代化建设需要，统筹推进深层次改革和高水平开放、统筹推进高质量发展和高水平安全。另一方面体现在"合作共赢"，在我国经济与世界经济深度交融背景下，注重我国开放发展的外部效应，通过推进自身开放促进世界共同开放，从而实现良

第七章
扩大高水平对外开放，稳外贸、稳外资

↑开放是中国式现代化的鲜明标识。必须坚持对外开放基本国策，坚持以开放促改革，依托我国超大规模市场优势，在扩大国际合作中提升开放能力，建设更高水平开放型经济新体制。图为一趟满载出口货物的中欧班列从浙江义乌站驶出
中新图片 / 董易鑫

性互动。可以说，扩大自主开放，对内是更好发挥以开放促改革促发展的动力作用，对外是更好发挥以开放促合作促共赢的引领作用，有利于推动高质量发展、推进中国式现代化，也有利于推动建设开放型世界经济、构建人类命运共同体，是对中国好、对世界也好的双赢之举。党的十八大以来，我国实行更加积极主动的开放战略。比如，建设自由贸易试验区和海南自由贸易港，就是自主开放的重要实践。在自贸试验区率先实施外商投资准入前国民待遇加负面清单管理模式；主动开放金融、文化等领域；支持相关经济主体对接国际高标准经贸规则。新时代新征程上，扩大自主开放是高水平对外开放的题中应有之义。

扩大单边开放是我国对最不发达国家的一贯政策。单边开放与对等开放、互惠开放、条约开放相对应，是指无论对方是否对自己开放，一国或经济体都单方面、主动向对方扩大开放，因而具有不寻求对应开放、基本不受协议约束、不违反现行规则的特点。我国对最不发达国家单边开放，可帮助其更好融入国际市场，实现共同发展，也彰显了我国负责任大国形象。单边开放包括多个具体方面。关税待遇方面，中国是最早给予最不发达国家零关税待遇的发展中国家之一。目前，同中国建交的最不发达国家享受95%—98%税目产品零关税待遇。市场准入方面，在涉及最不发达国家的自贸协定谈判中，对其货物贸易和投资服务开放范围要求更小、给予更长过渡期；为非洲农产品输华建立"绿色通道"。多双边合作方面，在世界贸易组织捐资实施"最不发达国家及加入世贸组织中国项目"，帮助其更好融入多边贸易体制；开展能力建设合作，帮助有关国家提升经贸合作水平。

自主开放和单边开放是新时代我国对外扩大开放的重要形式，也是扩大制度型开放的重要载体。推动以制度型开放为核心的高水平开放，是我国推动高质量发展、建设贸易强国的重大战略抉择。制度型开放，就是通过改革，对不适应开放型经济的生产关系和上层建筑进行调整和完善，使其更加适应开放发展的需要，具体体现在设立或完善相关的法律、法规和各类规则、规制、管理、标准等。同商品和要素流动型开放相比，制度型开放是一种更高层次的开放。稳步推进规则、规制、管理、标准等制度型开放，是提升贸易投资合作质量和水平、构建高标准自由贸易区网络的关键。打造更高层次、更高标准的制度型开放格局，不仅对构建更高水平的开放型经济新体制具有积极意义，也将为推动建设开放型世界经济贡献更多更好的中国智慧和中国方案。2018年中央经济工作会议首次明确提出"制度型开放"，强调"要适应新形势、把握新特点，推动由商品和要素流动型开放向规则等制度型开放转变"。此后，习近平总书记在多个重要场合强调扩大制度型开放。

当前，扩大自主开放和单边开放、推动制度型开放稳步扩大可以多措并举。一是放宽市场准入。有序推动我国商品、服务、资本等市场的对外开放，减少负面清单，扩大文化、金融、医疗等相关领域的开放。二是发挥开放平台先行先试作用。推动自由贸易试验区相关经济主体主动对接国际高标准经贸规则，积累在环境标准、劳动保护、产权保护等方面规则、标准和管理的经验，及时总结经验，将有效措施及时推广。三是扩大对最不发达国家单边开放，在多边、区域和双边合作中充分考虑其关切，支持最不发达国家等有关发展中国家立场。同时，实施单方面免签入境政策，扩大中外人员交流，让更多外国人亲身感受真实的中国，壮大知华友华力量。四是参与全球经济治理体系改革。推动贸易和投资自由化便利化，提供更多国际公共产品。加强涉及利率、汇率、资本流动、人民币国际化等国际宏观经济政策多双边协调。扩大面向全球的高标准自由贸易区网络，优化开放合作环境。

二

## 积极发展服务贸易、绿色贸易、数字贸易

服务贸易、绿色贸易、数字贸易，是世界未来经济增长的新动力源，积极发展服务贸易、绿色贸易、数字贸易是我国进一步拓宽对外贸易深度和广度的重要举措。目前，我国在这些领域还未形成优势地位，但已经有了一定的竞争基础，需要着力培养。2024年中央经济工作会议提出"积极发展服务贸易、绿色贸易、数字贸易"，具有明显的政策前瞻性和指向性。

# 第七章
## 扩大高水平对外开放，稳外贸、稳外资

服务贸易，顾名思义就是以服务作为商品进行国际交易的经济活动。与传统货物贸易相比，服务贸易的标的物通常是无形的，具备多样性特征，且生产与消费同步进行，跨境服务供给的过程就是服务消费的过程。近年来，服务贸易的范围领域不断拓展延伸，为各国提高经济发展水平带来新机遇，服务贸易发展水平已经成为国家贸易结构升级的重要标志。我国服务业逐步成为推动经济发展的重要力量，服务贸易逐渐呈现强劲发展势头。一是服务贸易整体保持良好的增长态势，服务贸易占对外贸易比重不断上升。2024 年，我国服务贸易实现快速增长，全年服务进出口总额为 75238 亿元，首次突破 1 万亿美元，同比增长 14.4%，[1] 规模创下历史新高，增长速度明显加快，国际竞争力稳步增强，在货物和服务贸易总额中的地位持续提升，展现出较大的发展活力与潜力。二是服务贸易内部结构持续优化，高附加值要素含量不断增加。近年来，"中国服务"加速转型升级，以数字化、智能化、绿色化为特征的知识密集型"中国服务"，成为中国服务贸易高质量发展的新动能。2024 年，我国知识密集型服务进出口为 28965.2 亿元，增长 6.5%。其中，知识密集型服务出口 16573.2 亿元，增长 7.4%，个人文化和娱乐服务、电信计算机和信息服务增长较快。[2] 其中，中国数字文化内容出口表现尤为亮眼。2024 年首发以来，游戏《黑神话：悟空》成

---

[1] 参见罗珊珊：《我国服务贸易规模首次超过万亿美元》，《人民日报》2025 年 2 月 4 日。
[2] 参见罗珊珊：《我国服务贸易规模首次超过万亿美元》，《人民日报》2025 年 2 月 4 日。

为多个游戏平台销量榜首，精品电影、电视剧以及网络文学出海步伐加快。三是开放平台示范引领作用明显增强。截至目前，我国共设立了22个自由贸易试验区，通过开展不同地区试点工作，积累相关发展经验，进而提升服务业投资贸易自由化便利化水平。上海自贸区和海南自贸港等试点平台不断缩减负面清单事项，以服务业为重点的市场准入限制逐步放宽，集聚和配置全球优质要素的能力进一步提升。

绿色贸易主要指环境与贸易协调，重视贸易相关活动的绿色化。近年来，自然灾害、极端气候事件频发，给人类生存和发展带来严峻挑战。随着全球气候变化影响加剧，各国积极探索绿色低碳发展之路、参与全球气候治理。在这样的大背景下，绿色贸易成为国际社会关注的焦点。2021年，联合国环境规划署发布《绿色国际贸易：前进道路》，多次提及绿色贸易，并提出构建环境与贸易2.0议程，包括加强与贸易相关的环境政策、在贸易政策和协定中推动环境规制升级、推进环境与贸易相关合作等。当前，全球绿色贸易总体保持平稳增长。2013—2022年，全球绿色贸易进出口总额年均增长率为0.85%。[①] 其中，绿色贸易中环保科技产品占据主导地位。环保科技、碳捕获和存储以及可再生能源产品进出口总额位居前列。随着环保意识日益深入人心，对外贸易领域中绿色贸易成为重要议题，绿色竞争力正在重塑全球产业链供应链和国际经贸规则，欧盟

---

① 参见商务部研究院绿色经贸中心课题组：《发展绿色贸易培育外贸新动能》，《经济日报》2024年2月3日。

第七章
**扩大高水平对外开放，稳外贸、稳外资**

↑建设自由贸易试验区是党中央在新时代推进改革开放的重要战略举措。2013年以来，我国先后部署设立22个自贸试验区，各自贸试验区累计开展3500余项改革试点，形成了许多标志性、引领性制度创新成果，培育了一批具有国际竞争力的产业集群。图为山东自由贸易试验区青岛片区　中新图片／韩加君

碳边境调节机制（CBAM）、新电池法规等"气候贸易规则"或将对国际贸易格局产生深远影响。绿色贸易不仅成为国际贸易发展的未来方向，更是我国应对气候变化、挖掘外贸增长点的重大举措。近年来，我国绿色贸易规模基本保持增长态势，绿色贸易方式持续优化。2023年2月，商务部国际贸易经济合作研究院发布的《中国绿色贸易发展报告（2022）》指出：2021年，中国绿色贸易额达到11610.9亿美元，超过欧盟成为全球第一大绿色贸易经济体，在全球占比达到14.6%。据新华社报道，2022年，中国绿色贸易规模居世界第三位，同时是世界第一大绿色贸易出口国和第三大进口国。2024年，中国绿色贸易领跑全球，绿色产品不仅丰富了全球的供给，也为全球应对气候变化和绿色低碳转型作出了巨大贡献。绿色新能源产品成为带动中国外贸持续增长的重要推动力。

数字贸易是指利用信息通信技术（ICT）在贸易中发挥重要作用的一种新型贸易形式。在数字化浪潮的推动下，海量数据经过精细化的挖掘、深入的分析与高效的运用，已逐步转化为洞察市场动态的利器，为企业的战略决策提供了前所未有的精准度和前瞻性。在此背景下，数据贸易应运而生，它超越了传统数据交换的范畴，实现了价值的深度交融。通过数据贸易，企业能够跨越地理障碍，实现数据的全球化流通与共享，从而挖掘出更为广泛的市场潜力。我国高度重视发展数字贸易，是全球重要的数字贸易大国。由商务部牵头编制的《中国数字贸易发展报告2024》显示，2023年，中国数字贸易快速发展，可数字化交付的服务进出口规模达2.72万亿元人民币，同比增长8.5%，中国已成为全球数字贸易最具发展活力的地区之一。为适应数字时代的发展需要，2024年8月17日，中共中央办公厅和国务院办公厅发布了《关于数字贸易改革创新发展的意见》（以下简称《意见》），强调数字贸易作为数字经济的重要组成部分，对国际贸易和经济增长的重要性。《意见》提出要"促进实体经济和数字经济深度融合，促进数字贸易改革创新发展，为塑造对外贸易发展新动能新优势，加快建设数字中国、贸易强国作出更大贡献"。

发展服务贸易、绿色贸易、数字贸易是我国适应国内国际发展变化的主动抉择，是转变外贸结构、推动对外贸易高质量发展的重要方式。服务贸易、绿色贸易、数字贸易三者之间既有联系又有区别，是我国对外贸易发展的重要方向。创新提升服务贸易，必须主动对接国际高标准经贸规则，有序扩大服务贸易对外开放，大力改善营商环境，同时要注意运用数字技术，把握绿色发展的趋势，积极培育服务贸易新业态新模式，将服务贸易发展创新提升到新层次、新水平。绿色贸易中占主体地位的是环保科技、碳捕获和存储以及可再生能源产品进出口等，其中既有服务贸易也有货物贸易，同时蕴含技术贸易。技术贸易包括数字产品贸易、数字服务贸易、数字技术贸易等，还涉及运用数字技术推动货物贸易发展等，如跨境电商。积极发展服务贸易、绿色贸易、数字贸易，将大大改变我国贸易结构，推动我国外贸高质量发展，为实现外贸强国发展目标打下坚实基础。

## 三

## 深化外商投资促进体制机制改革

党的十八大以来,面对自身比较优势和外部环境的重大变化,我国持续扩大市场开放、加大引资工作力度,外商投资体制改革取得一系列重大突破。面对贸易投资保护主义加剧,全球跨境投资形势严峻且仍有下行的压力,以及新形势下地缘政治风险挑战、日益激烈的引资竞争和跨国公司供应链布局调整,进一步深化我国外商投资管理体制改革、加大引资力度,对促进我国经济高质量发展具有重要意义。

保障外资企业国民待遇,增强其投资中国市场的信心。面对复杂严峻的引资环境,落实好外资企业国民待遇,对增强跨国公司对华投资决策决心和信心至关重要。保障外资企业采购、流通、销售等环节享受公平待遇,将增强外资企业对资源配置、技术投入、产业链合作、市场增长等重要决策与运营过程的可预期性,有助于以切实的市场机遇提升其实际获得感,为外资企业在华投资经营提供"定心丸"。

扩大市场准入,深化服务业重点领域开放。党的十八大以来,

## 第七章 扩大高水平对外开放，稳外贸、稳外资

我国实施外资准入前国民待遇加负面清单管理制度，大幅放宽外资市场准入。至2021年，"自贸试验区版"和"全国版"外资准入负面清单中的特别管理措施已分别压缩至27条和31条，制造业限制性措施在自贸试验区实现"清零"。2024年，"全国版"外资准入负面清单删除了制造业领域剩余的两条限制措施。顺应全球化发展趋势，针对我国高质量发展对服务业开放需求日益突出等实际情况，我国明确提出推动电信、医疗、教育等重点领域开放试点。商务部、国家卫健委、国家药监局联合印发通知，明确在生物技术领域，在北京、上海、广东等自由贸易试验区和海南自贸港允许外商投资企业从事人体干细胞、基因诊断与治疗技术开发和应用；拟允许在部分城市设立外商独资医院（中医类除外，不含并购公立医院）。

依法保护外商投资权益，营造国际一流营商环境。聚焦外资在华运营诉求，2023年以来我国连续发布"外资24条"与"行动方案"，针对外商在华投资进行全方位、全链条的环境优化与行动部署，创建了常态化外资企业圆桌会议制度，力争及时解决企业诉求。在此基础上，党的二十届三中全会提出将"营造市场化、法治化、国际化一流营商环境，依法保护外商投资权益"放在深化外商投资和对外投资管理体制改革的重要位置，要求主动对接国际高标准经贸规则，在产权保护、产业补贴、环境标准、劳动保护、政府采购、电子商务、金融领域等更广泛领域，实现规则、规制、管理、标准相通相容，打造透明稳定可预期的制度环境。聚焦难点领域主动开放、与国际高标准规则对接，充分显示我国以开放促改

革、促发展的决心，将为跨国公司在华投资运营营造市场化、法治化、国际化一流营商环境。

持续提高外籍人员在华生活便利度，吸引跨国公司人才来华就业旅行。外籍人才是参与我国现代化建设的宝贵人力资源，是外资企业在华投资决策与运营的重要力量。近期我国密集出台一系列提高出入境便利化和吸引外籍人才的务实举措，包括简化签证手续、扩大免签国范围、优化支付安排，为外籍高管、技术人员及家属提供来华工作生活便利等，2023年将外籍个人津补贴免税优惠政策由原本延续两年变为四年。以上举措有助于提升我国对境外人才就业和旅行的吸引力，获得了跨国公司的高度评价。《中共中央关于进一步全面深化改革、推进中国式现代化的决定》进一步指出，"完善境外人员入境居住、医疗、支付等生活便利制度"。下一步，我国将采取更大力度举措，加大优化管理的体制机制创新，为外籍人员营造更加舒适便利的在华工作与生活环境。

四

## 推动高质量共建"一带一路"走深走实

自2013年提出共建"一带一路"倡议以来，在党中央坚强领导下，经过各方共同努力，共建"一带一路"始终坚持共商共建共享的原则，合作领域不断拓展、合作范围不断扩大、合作层次不断提升，国际感召力、影响力、凝聚力不断增强，取得了重大成就。

在政策沟通方面，中国与150多个国家和30多个国际组织签署合作协议，通过"一带一路"国际合作高峰论坛等机制，推动政策协调和发展战略对接，为各国包容性发展奠定政策基础。在设施联通方面，中欧班列累计开行超过10万列，连接欧洲25个国家的227个城市、亚洲11个国家的100多个城市，显著提高亚欧大陆的物流效率，助力区域经济一体化发展，带动沿线国家更好融入全球经济。在贸易畅通方面，2024年，中国与"一带一路"共建国家的货物贸易额超过3万亿美元，同比增长6.4%，为共建国家创造更多经济合作机会，推动区域均衡发展。在资金融通方面，截至2024年10月，亚洲基础设施投资银行已批准286个项目，总金额近550亿美元，撬动总投资超过1500亿美元，帮助低收入国家改善基础设施条件，增强其经济韧性。在民心相通方面，截至2023年6月底，中国通过"一带一路"已与45个共建国家和地区签署高等教育学历学位互认协议，与144个共建国家签署文化和旅游领域合作文件，增进了共建国家人民之间的理解与合作，促进了教育公平和社会融合，为全球发展提供了人文支撑。十几载春华秋实，共建"一带一路"结出累累硕果，成为世界上范围最广、规模最大的国际合作平台，带动了中国和共建国家的经济发展，契合了世界各国人民对美好未来的共同期待，成为推动构建人类命运共同体的重要引擎。

2023年11月24日，推进"一带一路"建设工作领导小组办公室发布《坚定不移推进共建"一带一路"高质量发展走深走实的愿景与行动——共建"一带一路"未来十年发展展望》，在总结10年来共建"一带一路"重大历史性成就和启示基础上，提出了未来10年中国推进高质量共建"一带一路"的愿景思路和务实行动举措。文件指出，未来10年，中国愿携手各方，以共商共建共享、开放绿色廉洁、高标准惠民生可持续为重要指导原则，统筹打造品牌亮点，构建高水平立体互联互通网络；统筹强化风险防控，建立完善系统性安全保障体系；统筹完善机制平台，深化拓展多双边务实合作；统筹提升政策服务，增强全方位支撑保障；统筹深化互利合作，携手构建人类命运共同体。

2024年是共建"一带一路"第二个金色十年的开局之年。习近平总书记在第四次"一带一路"建设工作座谈会上发表重要讲话。针对世界进入新的动荡变革期这一国际新形势，习近平总书记指出，推动共建"一带一路"高质量发展，必须"正确处理增强共建国家获得感和坚持于我有利的关系，切实保障我国海外利益安全"。要坚持稳中求进工作总基调，完整准确全面贯彻新发展理念，加快构建新发展格局，做到"四个相结合"，抓好"三个统筹"。习近平总书记对共建"一带一路"的成就和面临的形势作出重要判断，对共建"一带一路"高质量发展作出全面部署，为未来共建工作提供了重要指南。

# 第八章

# 有效防范化解重点领域风险，牢牢守住不发生系统性风险底线

# 第八章
## 有效防范化解重点领域风险，牢牢守住不发生系统性风险底线

习近平总书记指出："统筹发展和安全，增强忧患意识，做到居安思危，是我们党治国理政的一个重大原则。"[1]2024年中央经济工作会议对2025年经济工作作出全面系统部署，提出一系列措施有效防范化解重点领域风险，牢牢守住不发生系统性风险底线。在当前宏观调控基调发生重大变化的现实背景下，只有把防范化解风险摆在突出位置，紧盯相关重点领域，着力破解各种矛盾和问题，我们才能打好战略主动战，化险为夷、转危为机，推动高质量发展和高水平安全的良性互动，增强经济活力。

---

[1] 习近平:《中国共产党领导是中国特色社会主义最本质的特征》,《求是》2020年第14期。

一

# 持续用力推动房地产市场止跌回稳

2024年中央经济工作会议进一步提出要坚持"稳中求进、以进促稳，守正创新、先立后破，系统集成、协同配合"，这24个字阐明了2025年的政策取向，要维持和保证"稳"的经济发展大局，就必须避免出现系统性金融风险，在这个过程中，稳定房地产市场是重点。

"止跌回稳"是房地产市场的一个术语，意味着市场从下降趋势中稳定下来并开始回升。2024年9月26日，中共中央政治局会议首次提出"要促进房地产市场止跌回稳，对商品房建设要严控增量、优化存量、提高质量"，这表明党和政府高度关注房地产市场，并注意采取措施来稳住楼市、股市，防范化解房地产领域风险。2024年中央经济工作会议提出"持续用力推动房地产市场止跌回稳"，强调"稳住楼市"，延续了此前中央政治局会议精神，也进一步说明2025年房地产工作要强调"稳"。从稳住楼市来看，在2024年9月26日的中央政治局会议作出促进房地产市场止跌回稳部署后，住房和城乡建设部会同财政部、自然资源部、中国人民银行、金融监管总局等部门，指导各地迅速行动，抓存量政策落实，抓增量政策出台，打出一套房地产市场政策"组合拳"。这套房地产市场政策"组合拳"具体而言，就是"四个取消、四个降低、两个增加"，推动房地产市场止跌回稳。"四个取消"，即充分赋予城市政府调控自主权，调整或取消各类购房的限制性措施，主要包括取消限购、取消限售、取消限价、取消普通住宅和非普通住宅标准。"四个降低"，主要包括降低住房公积金贷款利率、降低住房贷款首付比例、降低存量贷款利率、降低"卖旧买新"换购住房的税费负担。"两个增加"，一是通过货币化安置等方式，新增实施100万套城中村改造和危旧房改造。二是2024年底前，将"白名单"项目（根据房地产项目的开发建设情况，以及项目开发企业资质、信用、财务等，按照公平公正原则，提出可以给予融资支持的房地产项目名单）的信贷规模增加到4万亿元。[1] 在此政策条件下，地方政府积极行动，社会信心得到有效提振，推动房地产市场止跌回稳效果明显，释放出积极信号。"截至11月底，全国保交房攻坚战已交付住房324万套，10月、11月全国新建商品房交易网签面积连续两个月同比、环比双增长"，"自2007年以来，'银十'成交量首次超过'金九'"。[2] 一线城市带动二线、三线城市商品房成交增长，市场预期得到明显改善，从侧面也反映出政策调整优化对房地

---

[1] 参见丁怡婷：《推动房地产市场止跌回稳》，《人民日报》2024年10月18日。

[2] 人民日报评论员：《深刻把握明年经济工作的总体要求和政策取向——论学习贯彻中央经济工作会议精神》，《人民日报》2024年12月17日。

读懂中国经济的优势和未来

↑ 2024 年 5 月，陕西省西安市宣布全面取消住房限购措施，居民家庭在全市范围内购买新建商品住房、二手住房不再审核购房资格。图为西安北郊的住宅楼群
中新图片 / 张远

产市场止跌回稳的推动力。

实施城市房地产融资协调机制，是防范化解房地产领域风险、稳定楼市的重点举措之一。2024年1月，住房和城乡建设部同金融监管总局联合印发的《关于建立城市房地产融资协调机制的通知》，为更好发挥城市人民政府牵头协调作用、因城施策用好政策工具箱提供了指导。2024年9月26日，中共中央政治局会议强调，"加大'白名单'项目贷款投放力度"，相关部门也在进一步优化完善房地产"白名单"项目融资机制。截至2024年9月，各家银行已审批城市房地产融资协调机制推送的"白名单"项目超过5700个，审批通过融资金额达到1.43万亿元，支持400余万套住房如期交付。[1] 如福建省泉州市，依托"白名单"制度，主办银行为项目提供授信金额1.59亿元，支持中骏雍璟府830套预售商品房顺利交房。设立3000亿元保障性住房再贷款，降低全国层面个人住房贷款最低首付比例，取消全国层面个人住房贷款利率政策下限，降低住房公积金贷款利率……在供需两侧同时发力、综合施策，打好商品住房项目保交房攻坚战，支持刚性和改善性住房需求。2024年1月，在当地住建部门和广西金融监管局的协调推进下，民生银行南宁分行向全国房地产项目"白名单"投放了全国首笔城市房地产融资协调机制下的房地产开发贷款3.3亿元。2024年6月底，该

---

[1] 参见《国务院新闻办举行发布会 介绍金融支持经济高质量发展有关情况》，国务院新闻办网站2024年9月24日。

项目总计49栋住宅中已有42栋完成竣工验收或预验收，累计向业主交付商品房887套。可见，实施城市房地产融资协调机制将更加精准支持房地产项目合理融资需求，促进房地产市场平稳健康发展。

　　根据2024年中央经济工作会议对2025年房地产工作的部署，要稳住楼市、持续用力推动房地产市场止跌回稳，需要着重把握好供给与需求、转型与发展之间的关系。第一，着力释放需求。当前，我国的新型城镇化仍处在持续推进的过程之中，在城市存量优化调整方面也具有广阔空间，人民群众对于高品质住房的期待也在不断提升。这就要求必须打通卡点堵点，以更好地满足居民的刚性和改善性住房需求。聚焦关键领域，如大力实施城市更新，加力实施城中村和危旧房改造，尽快推进条件比较成熟、群众改造意愿迫切的项目。与此同时，因城施策调减限制性措施，落实好已出台的住房信贷、税收政策举措，切实降低购房成本。第二，着力改善供给。结合现实情况，从控增量、优存量、提质量三个方面加强管控商品房建设。合理控制新增房地产用地供应。中央已经明确可以用地方政府债券支持盘活闲置存量土地、收购存量商品房，要抓紧完善可操作的办法。收购存量商品房，要在收购主体、收购价格和住房用途方面给予城市政府更大自主权，多措并举盘活商办用房。坚决打赢保交房攻坚战，大力建设安全、舒适、绿色、智慧的"好房子"，满足人民的美好生活需要，回应人民群众对高品质住房的高期待。第三，着力推动转型。在推动高质量发展的要求下，必须从根本上解决传统发展模式弊端，扎实有序推动房地产行业转型，加快构建房地产发展新模式，促进房地产高质量发展。不断完善住房供应体系，促进行业转型发展，健全住房、土地、金融、财税等基础性制度，特别是对于房地产市场止跌回稳有直接带动作用的制度建设和政策措施要尽快落地。

## 二

## 加力实施城中村和危旧房改造

城中村和危旧房改造是当前中国城市更新的重要组成部分，旨在改善居民的居住条件，消除安全隐患，进一步完善城市功能，并促进房地产市场的平稳健康发展。在推动房地产市场止跌回稳的多重政策中，城中村和危旧房改造发挥着重要作用。

住房问题关乎民生福祉与发展大局。随着城市化进程的加速，城中村和危旧房改造成为提升城市品质、改善居民生活条件的关键举措。习近平总书记指出，"高质量发展，就是能够很好满足人民日益增长的美好生活需要的发展"[1]。要聚焦重点领域和关键环节最

---

[1] 习近平：《开创我国高质量发展新局面》，《求是》2024 年第 12 期。

紧迫、最根本的大事难事，及时回应民生关切，把项目高质量建设与民生保障结合起来，切实办好民生实事。城中村和危旧房改造不仅能改善居民居住环境，切实回应人民群众住新房、住好房的迫切需求，还能拉动建筑、建材等相关行业的投资，促进家电、家具等消费需求，有助于扩大内需和创造就业机会；不仅有助于更好满足刚性住房需求和多样化改善性住房需求，也有助于消除城市建设治理短板，打造宜居、韧性、智慧城市，提升城市文明程度。2024年11月，住房和城乡建设部会同财政部印发通知，将城中村改造政策的支持范围由最初的35个超大特大城市和城区常住人口300万以上的大城市，进一步扩大到近300个地级及以上城市。2024年，住房和城乡建设部宣布将新增实施100万套城中村和危旧房改造项目，这一规模是基于对重点城市的需求调查，旨在满足群众改造意愿强烈的项目。2025年，我国在新增实施100万套城中村和危旧房改造的基础上继续扩大改造规模。相关政策设计将持续优化，城中村绿色化、低碳化改造步伐也将有所加快，将进一步拉动新房销售、加速房地产去库存、推动绿色建筑加快发展，助力房地产市场平稳健康发展。

货币化安置是城中村和危旧房这一大规模改造计划的主要方式之一。货币化安置，即给予被安置居民一定自主权，政府直接以货币的形式补偿需要安置的居民，后者再到商品房市场上购买住房。也就是说允许居民使用货币补偿购买商品房，以满足其自主选择房型、地点的需求。目前常见的货币化安置形式包括房票、政府购买存量房后再出售以及一次性货币补偿等。与过去强调实物安置不同，当前的货币化安置政策更适应市场需求，有助于推进城中村改造和保障房筹集的进程。"通过货币化安置方式，可以更好地满足群众自主选择房型、地点等要求，不用等待过渡期；与此同时，还能消除安全隐患，改善居住环境，完善城市功能；在当前房地产供需关系发生重大变化的情况下，有利于消化存量商品房，一举多得。"[1] 可见，这一举措不仅有利于消化存量商品房，优化房地产市场的供需结构，同时为城中村居民提供了更多选择和便利。为了确保改造工程的顺利实施，住房和城乡建设部联合多个部门推出了五条支持措施，涵盖重点支持地级以上城市，开发性、政策性金融机构给予专项借款，允许地方发行专项债，给予税费优惠以及商业银行根据评估发放贷款等多方面支持。这些措施为改造项目提供了全方位的资金和政策保障，有助于缓解项目实施过程中的资金压力。为了缓解房地产企业的资金链紧张问题，国家将"白名单"项目的信贷规模增加到4万亿元。这一措施旨在通过扩大融资覆盖范围和优化资金拨付方式，彻底打通从"白名单"到"融资落地"的堵点，从而控制风险，保障"保交房"项目的顺利实施。

除了政策支持，成功的改造案例也为我们提供了宝贵的经验。例如，北京市房山区黄山店村姥姥家改造项目通过保留原有建筑和院落围合的外观肌理，结合现代设计，将旧农舍改造成精品民

---

[1] 丁怡婷：《推动房地产市场止跌回稳》，《人民日报》2024年10月18日。

读懂中国经济的优势和未来

↑ 2024年全国保交房工作推进有力,全国保交房已交付338万套。经过各地各部门的持续推进,297个地级及以上城市均已建立房地产融资协调机制。图为2024年10月山东烟台建成的住宅项目　中新图片/唐克

# 第八章
## 有效防范化解重点领域风险，牢牢守住不发生系统性风险底线

宿，既保留了乡村记忆，又提升了居住品质。大兴区常各庄村的农舍改造项目则在有限的预算和时间内，通过合理的功能布局和就地取材，改善了居民的生活条件。延庆区下虎叫村山楂小院的改造则强调设计与自然环境的和谐统一，通过开放的空间和现代简约的风格，创造出舒适自然的居住环境。黄石的未苏湾城市更新改造项目、华新1907公园城市更新改造项目以及天虹黄电小区加装电梯项目，作为湖北省城市更新的典型案例，也展示了城中村和危旧房改造的多样性和创新性。这些项目在保留历史文化、引入新兴业态、提升居民参与度等方面作出了有益探索，为其他城市提供了可复制、可推广的经验。

城中村和危旧房改造不仅是城市面貌的改善，更是居民生活质量的提升。通过科学的规划、创新的设计和有力的政策支持，这些改造项目正逐步焕发出新的活力，为城市发展注入新的动力。未来，随着更多项目的推进和实施，我们有理由相信，城市将变得更加宜居、美丽和充满生机。2024年全国住房城乡建设工作会议指出，2025年要持续用力推动房地产市场止跌回稳，强调加力实施城中村和危旧房改造，推进货币化安置，在新增100万套的基础上继续扩大城中村改造规模，消除安全隐患，改善居住条件。与此同时，此次会议还强调要以需定购、以需定建，增加保障性住房供给，配售型保障房要加大力度，再帮助一大批新市民、青年人、农民工等实现安居。

## 三

# 推动构建房地产发展新模式

随着我国经济的持续发展和城镇化进程的不断推进,房地产市场也迎来了新的发展阶段。传统的"高周转、高负债、高杠杆"模式已无法满足当前的市场需求和社会期待,难以为继,房地产发展新模式应运而生。推动构建房地产发展新模式,是在战略和策略上主动适应我国房地产市场的重大转型。

推动构建房地产发展新模式是当前中国房地产市场的重要任务,旨在实现市场的平稳健康发展,满足人民群众的住房需求,并防范化解房地产风险。根据2024年中央经济工作会议精神,2024年全国住房城乡建设工作会议部署进一步全面深化住房城乡建设领域改革,明确包括"推动构建房地产发展新模式"在内的2025年重点任务,提出"推动构建房地产发展新模式"的具体举措:一是着力优化和完善住房供应体系,加快发展保障性住房,满足城镇住房困难工薪群体刚性住房需求,支持城市政府因城施策,增加改善性住房特别是好房子供给。二是推动建立要素联动新机制,以编制实施住房发展规划和年度计划为抓手,以人定房、以房定地、以房定钱，促进房地产供需平衡、市场稳定。三是大力推进商品住房销售制度改革，有力有序推行现房销售，优化预售资金监管。四是加快建立房屋全生命周期安全管理制度，为房屋安全提供有力保障。五是完善房地产全过程监管，整治房地产市场秩序，切实维护群众合法权益。

推动构建房地产发展新模式要从理念、体系、制度和要素配置等方面着手。第一，要深刻把握"房子是用来住的、不是用来炒的"的核心理念。这一理念强调了住房的居住属性，而不是投资炒作的对象。当前我国城镇人均住房建筑面积已超过40平方米，住房"有没有"的问题已基本解决，人民群众对住房品质有了更高要求，住房"好不好"成为需求指向。因此，房地产企业要从追求数量转向追求质量，通过提升住宅设计、建造标准和服务水平，建设适应人民群众新期待的好房子，满足居民对美好居住生活的向往。第二，在住房供应体系上，要注重政府与市场共同发力。政府主要负责满足刚性住房需求，特别是针对低收入群体和新市民，通过大规模建设保障性住房来实现"住有所居"。市场则负责满足多样化的改善性住房需求，通过商品房市场提供高品质、多样化的住宅产品。第三，要改革和完善构建房地产发展新模式的相关制度基础。包括房地产开发、交易和使用制度，以及"人、房、地、钱"要素联动新机制，为房地产转型发展夯实制度基础。通过全生命周期管理机制，如健全房屋体检、房屋养老金、房屋保险等制度，确保住房从建设到使用各环节的安全与质量。同时，优化预售资金监管，推行现房销售制度，从根本上保障购房者的权益，降低市场风险。2024年以来，深圳、郑州、太原等多个城市已开始试点现房销售，并出台相关政策支持这一转变。此外，推动构建房地产发展新模式还要注重金融与房地产的良性循环。住房和城乡建设部同金融监管总局要求各地建立房地产融资协调机制，以满足不同所有制房地产企业的合理融资需求。通过中国人民银行推出的保障性住房再贷款新工具，支持企业批量收购存量住房用作保障性住房，快速形成规模效应，并降低企业运营成本，增强住房租赁产业的商业可持续性。第四，因城施策推动房地产市场平稳健康发展。各地应根据自身实际情况，制定符合市场需求的政策措施。比如，加大城中村和危旧房改造力度，推进货币化安置，扩大保障性住房供给，都是有效手段。通过优化住房供应结构，增加改善性住房特别是好房子供给，满足不同层次居民的住房需求，实现房地产市场的供需平衡和市场稳定。

构建房地产发展新模式是适应新时代发展要求的必然选择。通过理念转变、体系优化、制度完善和要素联动，房地产市场将迈向高质量发展的新阶段，为人民群众提供更加优质、宜居的住房产品，助力实现全体人民住有所居的目标。实现这一目标，既要标本兼治，也要兼顾远近，着力消除多年来房地产高负债、高杠杆、高周转发展模式的弊端，强化质量、科技、服务等要素，促进房地产市场平稳健康发展，推动建立房地产业发展新模式。

第八章
有效防范化解重点领域风险，牢牢守住不发生系统性风险底线

四

# 稳妥处置地方中小金融机构风险

习近平总书记明确指出金融是最需要监管的领域，反复强调防范化解金融风险、维护金融安全，是关系我国经济社会发展全局的一件带有战略性、根本性的大事。党的十八大以来，我国持续深化金融供给侧结构性改革，稳步扩大金融开放，统筹发展和安全，金融业迈向高质量发展新阶段。

为不断适应市场经济的发展，中国金融体系不断完善，如今我国银行业金融机构已达到4000多家，在配置资源和服务实体经济等方面的能力持续增强。"全国银行机构网点覆盖97.9%的乡镇，基本实现乡乡有机构、村村有服务、家家有账户；大病保险覆盖12.2亿城乡居民；普惠小微贷款余额超32万亿元，授信户数覆盖超三分之一经营主体……"[1]尽管我国金融体系总体稳健，但面临的风险隐患仍然较多，各地各部门正在持续有效防范化解房地产、地方债务、中小金融机构等重点领域风险。2023年5月18日，国

---

[1] 李延霞等：《为经济社会发展大局提供有力金融支撑——新中国成立75周年金融业发展成就综述》，新华网2024年9月22日。

家金融监督管理总局正式挂牌，新一轮金融监管机构改革迈出重要一步。2024年5月27日，中共中央政治局召开会议审议《防范化解金融风险问责规定（试行）》，进一步压实金融领域相关管理部门、金融机构、行业主管部门和地方党委政府责任;《中华人民共和国金融稳定法（草案）》提请十四届全国人大常委会第十次会议进行二次审议，完善关于金融风险防范处置相关规定……一系列政策举措旨在强化金融稳定保障体系，健全金融监管体制，提高金融风险防控能力。

目前，作为我国金融安全基本盘的大型金融机构总体稳健，风险主要集中在中小金融机构。所谓中小金融机构，是指股份制商业银行和地方性金融机构，其经营机制较为灵活，在服务"三农"、中小微企业等方面发挥着不可替代的作用。中小金融机构约占三分之一的市场份额，已成为金融业的生力军。但部分中小金融机构在资金实力、公司治理、内部管理、规范运营等方面存在诸多不足，是导致金融风险发生的重要原因。加大力度推进中小金融机构改革化险是必要举措，完善金融机构公司治理，严防内部人控制和大股东操作，严防利益输送和违法违规关联交易。把握好时度效，有计划、分步骤开展工作，推动"一省一策""一行一策""一司一策"制定风险处置方案。多措并举充实行业保障基金等风险处置资源。统筹做好中小银行、保险和信托机构化险改革工作，要推动金融机构加强内部治理，引导其找准定位，专注主业，夯实金融健康发展的微观基础。2024年1月，习近平总书记在省部级主要领导干部

# 第八章
## 有效防范化解重点领域风险，牢牢守住不发生系统性风险底线

推动金融高质量发展专题研讨班开班式上发表重要讲话，强调"坚持把防控风险作为金融工作的永恒主题"，"要着力防范化解金融风险特别是系统性风险"。2024年以来，政策同向发力、治理协同推进，防范化解重点领域风险取得积极进展，中小金融机构改革化险步伐加快。随着各项政策落实推动，我国各类金融机构经营和监管指标处于合理区间，显著提升了服务实体经济的质效。

2024年9月以来，中央已经出台大规模化债方案，地方债务风险正在逐步化解之中。2024年中央经济工作会议将"稳妥处置地方中小金融机构风险"作为防范化解重点领域风险的一项重要工作。近年来，我国及时采取有效措施，协同治理，有序推进，防范化解重大风险工作取得积极进展。在防范化解中小金融机构风险方面，有序推进农村信用社改革，加快村镇银行结构性重组，辽宁、海南等省组建省级农商银行，广西、山西等省区组建省级农商联合银行；落实"五大监管"，引导中小金融机构稳健发展。与此同时，公布《消费金融公司管理办法》等，金融法治建设不断加强。虽然近年来高风险中小金融机构数量和占比明显下降，但剩下来的基本上是"硬骨头"，后续处置化险的难度更大、挑战更多。我国金融市场处于发展之中，金融消费者金融素养和风险承受能力有待提高。中小金融机构改革化险牵一发而动全身。因此，必须更加重视并稳妥推进中小金融机构改革化险，在改革化险过程中把握好力度和节奏。

"备豫不虞，为国常道。"经济工作千头万绪，着眼严峻复杂的

内外部环境，摆在我们面前的改革发展任务绝不轻松，面临新的战略机遇、战略任务、战略阶段、战略要求、战略环境，需要应对的风险和挑战、需要解决的矛盾和问题也比以往更加错综复杂。党的二十届三中全会部署的一系列重大改革举措，将持续为经济平稳运行注入强劲动力。只有将党中央的决策部署落实到位，不断提高重大风险处置能力，统筹好发展和安全，健全预期管理机制，做好经济形势和政策宣传解读，及时回应市场关注和社会热点，坚持标本兼治，防范化解各领域重大风险，才能牢牢守住不发生系统性风险的底线。

◀ 第九章 ▶

# 统筹推进新型城镇化和乡村全面振兴，促进城乡融合发展

# 第九章
## 统筹推进新型城镇化和乡村全面振兴，促进城乡融合发展

中国式现代化是全体人民共同富裕的现代化，地区差距、城乡发展差距问题仍然是我国经济社会发展不平衡不充分的重要体现。"统筹推进新型城镇化和乡村全面振兴，促进城乡融合发展"就是要不断通过政策引导和市场机制，优化资源配置，缩小城乡差距，更好地发挥市场在资源配置中的决定性作用，同时强化政府在公共事务管理和公共服务供给中的职能，推动形成城乡互补、融合发展的新格局。这一举措对破除城乡二元结构、推动区域协调发展、扩大内需促进产业升级、实现共同富裕等都具有重要意义。

## 一

## 严守耕地红线，严格耕地占补平衡管理

严守耕地红线与严格耕地占补平衡管理是我国土地管理政策的重要组成部分，它不仅关乎国家粮食安全、生态安全和社会稳定，还深刻体现了中国特色社会主义在资源配置、经济发展模式以及政府与市场关系等方面的核心理念。

首先，耕地是粮食生产的基础，严守耕地红线意味着确保足够的耕地面积用于粮食生产，从而保障国家粮食安全。在当前全球粮食安全形势日益严峻的背景下，中国作为人口大国，必须确保粮食自给自足，避免外部冲击对国家粮食安全造成严重影响。其次，耕地也是生态系统的重要组成部分。严守耕地红线有助于保护耕地生态系统，防止土地退化、水土流失等生态问题，实现可持续发展的目标。最后，资源是有限的，必须优化资源配置，提高资源利用效率。严守耕地红线意味着在城市化进程中，合理规划土地利用，避免耕地资源的浪费和滥用。同时，通过严格耕地占补平衡管理，确保补充的耕地质量不低于被占用的耕地，从而保持土地资源的整体质量和利用效率。

# 第九章
## 统筹推进新型城镇化和乡村全面振兴，促进城乡融合发展

习近平总书记强调，要深刻认识加强耕地保护的重要性和紧迫性。"粮食安全是'国之大者'，耕地是粮食生产的命根子。我们党始终高度重视耕地保护问题"[1]。党的十八大以来，党中央先后实施一系列硬措施，守住了耕地红线，初步遏制了耕地总量持续下滑趋势。根据自然资源部发布的信息，2021—2023年，全国耕地总量连续三年实现净增加，有效扭转了耕地持续快速减少的趋势。这一成果的取得，离不开国家对耕地保护工作的持续加强和严格管理。通过实施最严格的耕地保护制度，加强耕地占补平衡管理，推动各省区市有序恢复一部分流失的优质耕地，成功守住了18亿亩耕地红线。

在这一经济实践中，耕地占补平衡制度不断完善，耕地占用审批程序更加优化，明确了补充耕地来源和质量要求、占补平衡的监管和考核等多方面要求。设定非农建设占用耕地的审批门槛，确保占用耕地的必要性和合理性，全面实行非农建设占用耕地先补后占的原则，强调做到占一补一、占优补优、占水田补水田。这一原则的实施，确保了非农建设占用耕地后，能够及时、有效地补充同等质量和数量的耕地，稳定粮食播种面积。同时，通过土地整理、复垦和开发等方式，增加补充耕地的来源，并加强对补充耕地质量的监管和考核，确保补充的耕地质量不低于被占用的耕地。为了确保耕地保护工作的有效实施，国家建立了严格的耕地保护责任制度。

---

[1] 习近平：《切实加强耕地保护 抓好盐碱地综合改造利用》，《求是》2023年第23期。

读懂中国经济的优势和未来

↑粮食安全是"国之大者",耕地是粮食生产的命根子。2021—2023年,全国耕地总量连续3年实现净增加,累计增加1758万亩,遏制了耕地持续多年减少的态势。图为江苏省南通市通州区金沙街道万顷良田项目区　中新图片/翟慧勇

# 第九章
## 统筹推进新型城镇化和乡村全面振兴，促进城乡融合发展

各级党委和政府都签订了耕地保护"军令状"，将耕地保护责任落实到具体单位和个人。同时，国家还加大了对耕地保护工作的监督检查和执法力度，对发现的问题进行严肃查处和整改。2020年以来，国家自然资源督察机构每年以耕地保护为重点开展监督检查，向省级政府印发督察意见书督促整改违法违规突出问题，共组织约谈103个违法违规问题突出地区政府负责人，公开通报338个违法违规重大典型问题。2023年度，违法占用耕地数量已下降至2018年度的四分之一左右。[①] 在严守耕地红线的同时，国家还积极推动土地资源节约集约利用。通过加强建设用地总量管控、实施建设用地"增存挂钩"机制、开展低效用地再开发试点等措施，有效提高了土地资源的利用效率。同时遥感、地理信息系统（GIS）、土地整治和生态修复技术也在土地资源集约利用上发挥了重要作用。据统计，自党的十八大以来，全国单位GDP建设用地使用面积10年间下降了40.85%，这意味着土地的含金量更高了。

尽管耕地保护问题取得了一定成果，习近平总书记始终强调全党上下要有清醒的认识："新时代新征程上，耕地保护任务没有减轻，而是更加艰巨。"[②] 我国目前的国情依然是人多地少，耕地"非粮化""非农化"，耕地占补平衡过程中还存在"占优补劣""占水田补旱地"等问题，守住耕地红线中还存在"重数量轻质量""重

---

[①] 参见刘国洪：《国务院关于耕地保护工作情况的报告——2024年12月22日在第十四届全国人民代表大会常务委员会第十三次会议上》，中国人大网2024年12月25日。

[②] 习近平：《切实加强耕地保护 抓好盐碱地综合改造利用》，《求是》2023年第23期。

保护轻利用"等倾向，这些都会影响耕地的整体质量和农业生产的可持续发展。

为了解决这些问题，要把耕地保护作为一个系统工程来抓。第一，要突出把握好量质并重、严格执法、系统推进、永续利用等重大要求。一是量质并重，"就是耕地保护既要保数量，也要提质量。永久基本农田必须实至名归，必须是稳产高产良田。耕地占补平衡，不能成为简单的数量平衡，必须实现质量平衡、产能平衡，决不能再搞'狸猫换太子'的把戏"。二是严格执法，"就是要实行最严格的耕地保护制度，用'长牙齿'措施保护耕地。分级落实各级党委和政府责任，整合监管执法力量，形成合力"。三是系统推进，"就是要把耕地保护放到建设人与自然和谐共生的中国式现代化中来考量，落实好主体功能区战略，坚持山水林田湖草沙一体化保护和系统治理"。四是永续利用，"就是要处理好近期与长期的关系，不但要为当代人着想，还要为子孙后代负责，把祖祖辈辈耕种的耕地保护好提升好，为后代留下更多发展空间"[①]。

第二，围绕"守住耕地这个命根子"，进一步采取以下过硬实招。一要压实耕地保护责任，落实新一轮国土空间规划明确的耕地和永久基本农田保护任务，确保18亿亩耕地红线决不突破。二要全力提升耕地质量，真正把耕地特别是永久基本农田建成适宜耕作、旱涝保收、高产稳产的现代化良田。三要改革完善耕地占补平

---

① 习近平:《切实加强耕地保护　抓好盐碱地综合改造利用》,《求是》2023年第23期。

衡制度，将各类对耕地的占用统一纳入占补平衡管理，坚持"以补定占"，健全补充耕地质量验收制度。四要调动农民和地方政府保护耕地、种粮抓粮积极性，建立种粮农民收益保障机制，发展多种形式的适度规模经营，建立粮食主产区利益补偿机制，形成粮食主产区、主销区、产销平衡区耕地保护合力。加强撂荒地治理，摸清底数，分类推进，因地制宜把撂荒地种好用好。五要积极开发各类非传统耕地资源，加强科技研发和生产投资，探索有效发展模式，突破我国传统耕地稀缺的自然条件限制。对违规占用耕地进行整改复耕，要实事求是，尊重规律，保护农民利益，加强宣传解读，适当留出过渡期，循序渐进推动。

## 二

## 提高农业综合效益和竞争力

2024年中央经济工作会议明确提出，要"抓好粮食和重要农产品稳产保供，提高农业综合效益和竞争力"。这一要求不仅体现了国家对农业发展的高度重视，也指出了未来农业发展的方向和重点。提高农业综合效益和竞争力，对于保障国家粮食安全、促进农民增收、建设农业强国都会发挥重要作用。

当今世界，农业强国的基本特征是供给保障强、科技装备强、经营体系强、产业韧性强、竞争能力强。相较于农业现代化，农业强国的内涵更丰富，尤其侧重效益和竞争力，强调不仅要满足国内消费者的需要，还要助力实现农民美好生活。我国要建设农业强国有两个基本点，即确保农业稳产增产和农民稳步增收，贯穿其中的是综合效益。

党的十八大以来，以习近平同志为核心的党中央高度重视"三农"工作，习近平总书记多次发表重要讲话、作出重要指示，深刻阐述了做好"三农"工作的一系列重大理论和实践问题，为推动"三农"工作提供了根本遵循和行动指南。通过一系列政策措施和创新实践，农业现代化进程加快，农业产业结构不断优化，农产品质量和效益显著提升，农民收入持续增长。根据国家统计局数据，2024年农村居民人均可支配收入2.31万元，比2023年增长6.3%。2024年，我国粮食总产量达到了14130亿斤，比2023年增长1.6%，首次迈上1.4万亿斤新台阶。2024年，全国农业科技进步贡献率达63.2%，农作物耕种收综合机械化率达74.3%，农作物良种覆盖率超过96%，大田种植信息化率达26.4%；全国粮食播种面积17.90亿亩，比2023年增加525.8万亩，增长0.3%，连续5年保持增长；全国粮食单产394.7公斤/亩，每亩产量比2023年年增加5.1公斤，增长1.3%。除粮食外，肉蛋奶、果菜茶等供应充足，绿色优质农产品供给增加。粮食和重要农产品产量的连年新高，巩固和增强了国家粮食安全基础，为乡村振兴战略和农业强国建设提供了坚

# 第九章
## 统筹推进新型城镇化和乡村全面振兴，促进城乡融合发展

实支撑，同时为经济持续向好发展和推动高质量发展注入了强劲动力。更难能可贵的是，我国农业产业素质得到全面大幅提升。贸易方面，2024年，我国农产品出口额1030.0亿美元，同比增长4.1%；进口额2151.6亿美元，同比减少7.9%。贸易逆差收窄至1121.6亿美元，同比减少16.7%。[1] 科技装备方面，种业振兴行动"三年打基础"任务顺利完成，全面摸清了种质资源的家底；农作物耕种收综合机械化率预计超过75%。[2] 超额完成年度新建和改造提升高标准农田建设任务。经营方面，新型农业经营主体日益壮大，农业社会化服务体系不断完善。

展望未来，提高农业综合效益和竞争力的挑战还很多。我国农业资源利用率相对较低，尤其是在肥料、水和土地的使用上。需加强黑土地保护和盐碱地综合治理，提高高标准农田建设投资补助水平。中国农业绿色发展研究会的数据显示，我国氮肥和磷肥的有效利用率分别只有40%左右，而农药利用率也仅为40%，与发达国家60%的数据相比存在较大的差距。这不仅导致了资源的浪费，还加剧了环境污染，如土壤污染和水资源污染等问题。我国将土地经营权交给农民，导致生产经营的地块比较小且碎片化。这种现状使农业生产效率相对较低，难以形成规模效益。同时，小农户在获取市场信息、采用新技术和现代化管理方面也存在诸多困难。随着

---

[1] 参见《2024年1—12月我国农产品进出口情况》，农业农村部网站2025年1月20日。

[2] 参见《国新办举行"中国经济高质量发展成效"系列新闻发布会，介绍"夯实'三农'基本盘，扎实推进乡村全面振兴"有关情况》，国新网2025年1月20日。

大量农村劳动力向城市转移，从事农业的人口数量急剧下降，尤其是"00后"的年轻人从事农业生产意愿较低，劳动力短缺和人口老龄化问题日益严重。在农业机械化率方面，虽然我国经达到74.3%，但主要集中在小麦、玉米、水稻等主要作物上，园艺业、畜牧业、水产业等其他领域的机械化率仍然较低。不少农产品市场竞争力偏弱，受进口冲击较大。当前，农业面临的自然、市场等传统风险以及金融、贸易等非传统风险，必须在农业效益上做文章。

根据2024年中央经济工作会议精神，在总体思路上，过去主要解决农产品供给总量的问题，现在要在促进供求平衡的同时，注重提升产业效益，平衡好生产供应和市场景气；过去主要是农业生产力范畴内的调整，现在注重体制改革、机制创新，重点统筹好有效市场和有为政府的关系。在这一指导思想下，一是必须持续优化农业创新布局，推动适用性创新和定制化改造。通过加强农业科技研发和推广，加大种业振兴，提高农业生产效率和产品质量。例如，利用生物技术和基因编辑等手段，培育高产、优质、抗逆的作物新品种；通过智慧农业和大数据技术的应用，实现对农田的精准管理，提高农业生产的效率和质量。二是必须构建新型乡村生产关系，增强乡村全面振兴内生动力。要推动农业生产方式的转型升级，实现农业生产的绿色化、智能化、集约化。通过发展适度规模经营和新型农业经营主体，提高农业生产的组织化程度，形成规模效应和协同效应。同时，要加强农民的职业技能培训，提高其科技素质和经营管理能力，激发农民参与农业生产的积极性和创造性。

三是必须建设乡村现代产业体系，加强乡村全面振兴产业支撑。推动农业与二、三产业的融合发展，形成产前、产中、产后完整的产业链条。通过发展农产品加工业、乡村旅游、农村电商等新兴产业，延长农业产业链条，提高农产品的附加值和竞争力。同时，要加强农业品牌建设，建立健全农业品牌培育、发展和保护机制，提升农产品的知名度和美誉度。鼓励青年人返乡创业，提供创业的各种扶持政策和资金支持，让农村始终使人"记得住乡愁"。四是必须强化农业科技和装备支撑，提高农业生产效率。要加强农业科技创新制度建设，开展重大农业科技项目攻关，突破农业"卡脖子"技术。通过加强种质资源创新与保护利用、聚焦黑土地保护等技术研发与应用，确保耕地稳数量、提质量。同时，要加强农业装备的智能化水平，发展设施农业，改善农业生产设施条件。

## 三

## 保护种粮农民和粮食主产区积极性

习近平总书记多次强调，粮食安全是"国之大者"，在粮食问题上不能老算经济账，还要算政治账。保护种粮农民和粮食主产区积极性，不仅体现了党和国家对粮食安全的深刻认识，也是在当前复杂多变的国内外形势下，确保国家经济安全和社会稳定的重要举措。

正如习近平总书记曾强调的："稳定发展粮食生产，一定要让农民种粮有利可图、让主产区抓粮有积极性。"[①] 为了充分调动农民种粮的积极性，一系列惠农政策相继出台。例如，坚持并完善稻谷、小麦最低收购价政策，稳定口粮生产；中央财政及时向农民发放了包括耕地地力保护补贴、农机购置与应用补贴、稻谷补贴、玉米大豆生产者补贴等在内的惠农补贴；在春耕生产等关键时期向实际种粮农民发放一次性补贴。此外，在粮食主产区的支持力度方面，政府持续增加投入、改善基础设施，通过推进高标准农田建设、改善农业生产条件、提高粮食综合生产能力等手段，提高粮食主产区的生产能力和抗灾能力，截至2024年底，我国已累计建成高标准农田面积超过10亿亩。在政策扶持下，2024年全国粮食总产量首次迈上1.4万亿斤新台阶。"大国粮仓"的铸就得益于多方面的努力，一方面政府加大了对农业科技的投入和推广力度，"一喷三防"、"一喷多促"、水肥一体等技术得到广泛推广，提高了农业生产的科技水平和效率，有效提升了粮食单产水平。另一方面，农民也积极响应政策号召，加大投入、改进生产方式，提高了粮食生产的效益和质量，积极参加农业职业技能培训，更好地适应市场需求和农业生产方式的变革，提高自身的竞争力和收入水平。自

---

① 习近平：《论"三农"工作》，中央文献出版社2022年版，第77页。

## 第九章
### 统筹推进新型城镇化和乡村全面振兴，促进城乡融合发展

2024年6月1日起施行的《中华人民共和国粮食安全保障法》进一步明确了地方政府在管理和保障粮食安全方面的责任，为全方位筑牢国家粮食安全根基提供了坚实的法治保障。

但我们还应看到，随着国际环境的不断发展变化，受农业生产资料价格上涨、劳动力成本增加以及土地流转费用提高等因素的影响，农业生产成本不断上升，农民种粮的收益空间受到挤压，必然会对农民的生产积极性造成负面影响。与此同时，国内外农产品市场的开放和竞争加剧，农产品价格波动频繁，农民面临的市场风险加大，消费者对农产品质量安全的要求越来越高，也对农业生产提出了更高的要求。另外，我国工业化、城镇化的快速推进，农业资源环境压力不断加大，耕地面积减少、水资源短缺、生态环境恶化等问题日益突出，对农业生产构成了严重威胁……这些问题都是我国在保护种粮农民和粮食主产区积极性方面面临着的长期挑战。应对这些挑战，激发农民种粮的积极性，核心在于让农民种粮能够获得收益和实惠。我们必须以农民为中心，重点发展适度规模的农业经营模式，创新农业经营方式，强化政策支持和保障机制。通过实施一系列支持农业、扶持农民、惠及农民的政策措施，切实解决种粮农民面临的实际问题，增强他们的信心和底气，夯实粮食安全的基础，为加快农业强国建设提供坚实保障。

党的二十届三中全会通过的《中共中央关于进一步全面深化改革、推进中国式现代化的决定》指出："加快健全种粮农民收益保障机制，推动粮食等重要农产品价格保持在合理水平。统筹建立粮

食产销区省际横向利益补偿机制，在主产区利益补偿上迈出实质步伐。"[1]农产品价格直接关系农民的钱袋子，应当进一步完善粮食价格形成机制与市场调控，健全种粮农民收益保障机制，促进农业增效、粮食生产者增收。让稻谷、小麦等重要粮食作物坚持市场决定价格，综合考虑市场需求和生产成本变动合理确定最低收购价水平，确保农民种粮的基本收益。农业补贴直接关系农民种粮积极性。我国已经建立了包括价格、补贴、保险"三位一体"的农业支持保护政策体系，未来可以进一步优化和完善。一方面要提高涉农补贴的指向性、精准性、实效性，完善种粮农民精准识别机制，让多生产粮食者多得补贴；探索建立与农资价格上涨幅度挂钩的动态补贴办法，减轻农民种粮成本负担。另一方面要将稻谷、小麦、玉米等粮食作物完全成本保险和种植收入保险的实施范围扩大至全国，提高农民的抗风险能力。农业现代化和规模化经营是提高粮食生产效率、保护农民种粮积极性的有效途径。目前，粮食主产区的农业生产方式正在发生深刻变革。昔日一家一户"单打独斗"的传统模式逐渐被合作社、联合社等新型经营主体所取代。土地托管已成为种粮新趋势。推进高标准农田建设，改善农业生产条件，提高粮食单产水平，通过现代农业经营体系保障粮食生产增产又增收。除此以外，粮食主产区是国家粮食安全的重要保障，应当继续加强

---

[1]《中共中央关于进一步全面深化改革、推进中国式现代化的决定》，《人民日报》2024年7月22日。

保护与激励。划定粮食生产功能区和重要农产品生产保护区，确保粮食生产的稳定性和可持续性。通过财政转移支付等方式，对粮食主产区进行利益补偿，确保粮食主产区在保障国家粮食安全的同时，能够获得合理的经济回报。

四

## 发展现代化都市圈

都市圈的发展是区域经济一体化的重要表现形式，有助于实现资源的高效配置和生产要素的优化组合。近年来，我国城镇化水平不断提高、城市规模逐步扩大，但也存在不同层级城镇发展水平不均衡、功能分配不合理等问题。推动大中小城市和小城镇协调发展，是新型城镇化高质量发展的必然要求。2024年中央经济工作会议提出，发展现代化都市圈，提升超大特大城市现代化治理水平，大力发展县域经济。

现代化都市圈是指以超大特大城市为核心，辐射周边中小城市和城镇，形成分工协作、优势互补的空间经济格局。现代化都市圈的发展是市场经济条件下资源优化配置的必然结果。通过都市圈的建设，可以实现规模经济、范围经济和集聚经济，提高生产效率和经济效益。同时，都市圈的发展也有助于缩小城乡差距，实现区域经济的协调发展。党中央高度重视都市圈在推动区域协调发展中的作用，强调要依托都市圈构建大中小城市协调发展格局。2019年2月，国家发展改革委《关于培育发展现代化都市圈的指导意见》正式发布，明确了都市圈的定义、发展目标和重点任务。党的二十大报告提出，以城市群、都市圈为依托构建大中小城市协调发展格局，推进以县城为重要载体的城镇化建设。城市群、都市圈成为我国城镇化战略格局的重要组成部分，充分发挥中心城市辐射周边的引领带动作用。2024年4月，自然资源部正式发布了《都市圈国土空间规划编制规程》，进一步推动都市圈一体化、高质量发展。2024年7月，党的二十届三中全会通过的《中共中央关于进一步全面深化改革、推进中国式现代化的决定》指出健全推进新型城镇化体制机制，部署推动形成超大特大城市智慧高效治理新体系，建立都市圈同城化发展体制机制。

在一系列利好的政策扶持之下，各地政府积极响应党中央号召，制定并实施了一系列都市圈发展规划，截至2025年3月，南京都市圈、成都大都市圈、广州都市圈、石家庄都市圈等17座国家级都市圈被正式批准。这些都市圈覆盖了多个大城市和周边地区，形成了较大的经济规模和人口规模，在推动区域经济增长方面发挥了重要作用。除此之外，北京首都都市圈，在治理北京"大城市病"、推动京津冀协同发展方面取得了显著成效，首都都市圈已经形成北京"一核两翼"的空间结构，京津冀城市群主干构架已见雏形；上海大都市圈以上海为中心，覆盖苏州、无锡、常州、南通、盐城、泰州、杭州、宁波、嘉兴、湖州、绍兴、舟山和宣城等13个长三角城市，总共14个城市GDP总量达18.28万亿元，以全国陆域1.2%的面积贡献了全国14.5%的经济体量。2024年，我国常住人口城镇化率已达67%，根据发展战略目标，未来5年这一比例要提升至接近70%。随着以人为本新型城镇化的不断推进，以及以同城化、一体化发展为特征的现代化都市圈建设日益成熟，跨城通勤的规模数量、联系格局和空间分布不断转型重构。

在现代化都市圈建设治理过程中，也辐射带动了县域经济发展。作为介于城市和农村间的区域，县域不仅与城市基础设施连通，还与广大乡镇农村网络紧密联系，是劳动力、土地、资本等要素在国家城镇体系中流动的中转站。通过优化生产力布局和资源配置，县域经济的竞争力和可持续发展能力得到显著提高。新华社发布的《中国县域高质量发展报告2024》指出，县域是构建新发展格局的重要环节，也是中国经济增长的重要支撑。据新华社发布的《中国县域高质量发展报告2024》，截至2023年底，中国内地共有县域1867个，占全国国土面积的90%左右，占中国大陆人口和GDP比重分别为52.4%和38.5%。义乌凭借8%的增速，迈过了2000亿门槛。河南巩义市、陕西府谷县、新疆库尔勒市、浙江平湖市和宁海县等5个县域，正式迈入"千亿俱乐部"，使全国的千亿县域增至58个。

都市圈作为城市化进程的高级阶段，是生产力发展的必然产

读懂中国经济的优势和未来

↑由14座城市共同构成的上海大都市圈正在形成，勾画出"一张史无前例的、涵盖11.4万平方公里和1.1亿人口的超大尺度跨省域空间发展蓝图"。图为上海陆家嘴城市景观　中新图片/王冈

物，也是优化资源配置、提高生产效率的重要途径。然而，都市圈的发展也受到生产关系、上层建筑等多方面因素的影响，在当前的发展中也面临许多困境。其一，发展不平衡的问题。核心地区凭借区位优势，经济总量要远高于外围地区，例如，2024年，广州市人均 GDP 达到 16.48 万元／人，而肇庆市距离广州不足 100 公里，人均 GDP 还达不到广州的一半；东部地区经济基础雄厚，产业优势明显，远优于中西部地区，例如，2024 年，成都都市圈共实现地区生产总值 2.98 万亿元，虽然提升明显，但远低于位于东部沿海的深圳都市圈。其二，体制机制不完善的问题。由于户籍制度、社会保障制度和土地制度等地域因素造成的壁垒，制约了劳动力、土地、数据等生产要素在都市圈内自由流动，成为资源高效配置的掣肘。其三，都市圈内部产业链供应链分工协作水平不高、城市间协同不够、产业同质化的现象仍然存在。这些问题都是制约未来经济高质量发展的堵点和痛点，需要在近年来建设发展的基础上，不断调整优化策略，摆脱困境，推动都市圈的持续健康发展。

进一步促进产业共建共兴，都市圈内各城市应根据各自的产业优势和特色协同发展，构建完整的产业链体系，实现资源的优化配置和整体竞争力的提升。进一步建设统一市场，打破各城市间行政壁垒，加强社会保障制度的异地接续，保障劳动力资源的有效流动；建立统一的招商引资政策，共享招商信息和资源，形成强大的招商合力。进一步协同推动对外开放，都市圈内的城市加强合作形成合力，组建利益共同体参与国际竞争，提升整体的竞争优势；着力打造都市圈国际影响力品牌效应，更好地融入全球经济体系。进一步推动区域跨界治理，建立跨区域的经济管理机构，实现经济区与行政区的适度分离，以更有效地协调和管理产业发展。进一步完善协调协商机制，加强都市圈之间的协调联动，通过合理的分工合作，实现共同发展；突出核心地区的经济发展引擎作用，激发周边外围地区发展潜能，承接中心地区的产业转移。[1]

---

[1] 参见刘乃全：《依托都市圈推动高水平区域协调发展》，《国家治理》2024年第16期。

◀ 第十章 ▶

# 加大区域战略实施力度，增强区域发展活力

# 第十章
## 加大区域战略实施力度，增强区域发展活力

党的二十届三中全会提出："完善实施区域协调发展战略机制。"[①]2024年中央经济工作会议确定2025年要抓好的九项重点任务，其中一项就是要"加大区域战略实施力度，增强区域发展活力"。作为我国宏观调控制度体系的重要组成部分，区域协调发展已经成为推动经济高质量发展的重要途径，是推进中国式现代化建设、全面建成社会主义现代化强国的必然要求与应有之义，是解决我国发展不平衡不充分问题的现实需要。

---

[①]《中共中央关于进一步全面深化改革、推进中国式现代化的决定》，《人民日报》2024年7月22日。

## 一

## 发挥区域协调发展战略、区域重大战略、主体功能区战略的叠加效应

区域协调发展是指以实现共同富裕为目标，通过建立有效的运行机制，使各个区域之间相互协作、相互配合、相互促进。统筹区域协调发展关系到国家长治久安和繁荣发展。2024年《政府工作报告》指出："充分发挥各地区比较优势，按照主体功能区定位，积极融入和服务构建新发展格局。"

实施区域协调发展战略，就是要发挥各地区比较优势，促进生产力布局优化，塑造要素有序自由流动、主体功能约束有效、基本公共服务均等、资源环境可承载的区域协调发展新格局。一是形成有效市场和有为政府有机结合的体制机制。有效市场的形成是区域协调发展体制机制创新的核心，有为政府的建设是区域协调发展体制机制创新的重要保障。要加强市场调节机制的作用，强化政府引导作用，推进制度创新。二是形成与中国式现代化相适应的区域协调发展体制机制。实现中国式现代化要求加快建立与之相适应的区域协调发展体制机制，牢牢把握发展的动力引擎，厚植雄厚的经

## 第十章 加大区域战略实施力度，增强区域发展活力

济根基，将区域协调发展体制机制作为实现中国式现代化的重要支撑。增强政策制定的科学性和透明度，建立科学的决策体制。加强法律和制度保障，建立和完善监管体制。通过试点示范和制度创新，不断探索新的区域协调发展模式和体制，为实现中国式现代化提供保障。三是形成与优势互补、高质量发展的区域经济布局相适应的体制机制。建立和完善区域合作机制，推动资源共享和优势互补。注重政策创新和体制创新，提高政策和制度的适应性和灵活性。四是形成差别化的区域协调发展体制机制。针对不同的区域特点，制定相应的差别化发展策略。针对不同区域的发展需求，制定相应的政策措施。针对不同区域的差异性和特殊性，建立相应的管理和监管机制。[①]

区域重大战略，是指国家针对特定地区，围绕不同发展目标或解决某个重大问题而确定的发展战略，旨在提高国际竞争力和新质生产力。党的十八大以来，党中央统揽全局，推动了京津冀协同发展、长江经济带高质量发展、粤港澳大湾区建设、长江三角洲区域一体化发展、黄河流域生态保护和高质量发展等区域重大战略。一是加快推进京津冀协同发展。推动京津冀协同发展，是党中央在新时代推出的第一个区域重大战略。要牢牢抓住疏解北京非首都功能这个"牛鼻子"不放松，高质量推动北京城市副中心规划建设，强化生态环境联建联防联治，促进基本公共服务共建共享。坚持"世

---

[①] 参见肖金成等：《促进区域协调发展》，广东经济出版社2024年版，第370—372页。

界眼光、国际标准、中国特色、高点定位"的理念，尊重城市开发建设规律，合理把握开发节奏，努力将雄安新区打造成为贯彻新发展理念的创新发展示范区，抓好标志性项目在雄安新区落地建设。二是全面推动长江经济带高质量发展。长江经济带横跨我国东中西三大区域板块，是全国重要的经济纽带，发展基础良好。长江经济带发展战略是国家实施的第一个以流域为基础的区域重大战略，核心是共抓大保护，不搞大开发，走生态优先、绿色发展之路。要统筹整体推进与重点突破、生态环境保护和经济发展、总体谋划和久久为功等关系，使长江经济带成为我国生态优先绿色发展主战场、畅通国内国际双循环主动脉、引领经济高质量发展主力军。三是积极推进粤港澳大湾区建设。粤港澳大湾区是在一个国家、两种制度、三个关税区、三种货币的条件下建设的，国际上没有先例。建设好大湾区，关键在于创新。围绕建设国际科技创新中心战略定位，努力建设全球科技创新高地，推动新兴产业发展。在"一国两制"方针和基本法框架内，发挥粤港澳综合优势，推动三地经济运行的规则衔接、机制对接，促进人员、货物等各类要素高效便捷流动，提升市场一体化水平。四是提升长三角一体化发展水平。长三角地区是我国经济发展最为活跃、开放程度最高、创新能力最强的区域之一。要使之成为我国发展强劲活跃的增长极，率先形成新发展格局，勇当我国科技和产业创新的开路先锋，加快打造改革开放新高地。五是扎实推进黄河流域生态保护和高质量发展。黄河流域是我国重要的生态屏障和重要的经济地带，要更加注重保护和治理

第十章
**加大区域战略实施力度，增强区域发展活力**

↑推动京津冀协同发展是党的十八大以来我国的一个重大国家战略，对于打造新型首都经济圈、推动京津冀一体化发展、带动环渤海地区合作发展、促进全国区域协调发展、提升国家形象和国际竞争力，具有重大意义。图为雄安新区地标性建筑容和塔　中新图片 / 胡庆明

的系统性、整体性、协同性，加快构建抵御自然灾害防线，走好水安全有效保障、水资源高效利用、水生态明显改善的集约节约发展之路，大力推动生态环境保护治理，加快构建国土空间保护利用新格局，保护传承弘扬黄河文化，让黄河成为造福人民的幸福河，推动黄河流域生态保护和高质量发展迈出新的更大步伐。[1]

主体功能区战略，是我国经济发展和生态环境保护的大战略，目的是优化区域和国土空间发展格局。实施主体功能区战略就是基于适合发展的地区加快发展，不适合发展的地区加强保护这样的理念对全国国土进行划分，促进全国经济高质量发展。根据资源环境承载能力、发展基础和潜力，按照发挥比较优势、加强薄弱环节、享受均等化基本公共服务的要求，逐步形成主体功能定位清晰、东中西部良性互动、公共服务和人民生活水平差距趋向缩小的区域协调发展格局。[2] 通过实施区域协调发展战略、区域重大战略和主体功能区战略，可以有效打破地区壁垒，促进资源要素的自由流动与高效配置，形成优势互补、高质量发展的区域经济布局。

---

[1] 参见中共中央宣传部、国家发展和改革委员会编：《习近平经济思想学习纲要》，人民出版社、学习出版社 2022 年版，第 94—97 页。

[2] 参见肖金成：《完善区域战略统筹机制，促进区域高质量发展》，《中国经济时报》2024 年 12 月 25 日。

## 二

## 支持经济大省挑大梁，鼓励其他地区各展所长

2024年中央经济工作会议提出："支持经济大省挑大梁，鼓励其他地区因地制宜、各展所长。"相比2023年中央经济工作会议提出的"经济大省要真正挑起大梁，为稳定全国经济作出更大贡献"，从"要"到"支持"，一词之变揭示了"挑大梁"这件事已是经济大省的自觉行动。

我国幅员辽阔、人口众多，长江、黄河横贯东西，秦岭、淮河分异南北，地区间基础条件差别大，发展不协调不充分的问题非常突出。作为国家经济发展的"顶梁柱"和"压舱石"，各经济大省要勇挑大梁，同时其他地区也应因地制宜、各展所长，促进各地区之间合理分工、产业优化。

我国各地区资源禀赋、发展基础各不相同，因地制宜、各展所长是推进区域协调发展的核心策略。不同地区在自然资源、劳动力、技术水平等方面存在差异，这些差异构成了各自的比较优势。依据各区域的资源禀赋、产业基础和发展优势，必须促进各地区之间的合理分工和产业优化，推动产业链的上下游合作，促进区域之

间的资源共享。必须加强产业、技术、市场等领域的深度合作，通过信息共享、资源配置优化、创新平台共建等方式，推动技术研发、成果转化和产业应用的紧密结合，以及技术、人才、资本等要素的高效流动，加快形成协同发展的空间结构，实现产业协作联动与优势互补，提高区域发展整体效率。[①]

各经济大省要以改革创新推动高质量发展，以生产要素创新性配置激发市场活力，积极主动应对问题和挑战，为稳定全国经济作出更大贡献。

其一，在经济增量贡献上挑大梁。各经济大省要担责尽责、勇挑大梁，坚定战略自信，善于辨危识机、防危寻机、化危为机，以自身发展的确定性应对外部环境的不确定性，牢牢把握发展主动权。把提高发展质量摆在更为突出的位置，以高质量发展的硬道理、争先进位的硬功夫、攻坚克难的硬招法，进一步打开全国经济发展的新局面、取得新突破，不断塑造发展新动能新优势。同时，要在痛点难点堵点上加快探索、加快破局，为全国创造更多模式和经验，让"稳"更有基础，让"进"更有动力，让"立"更有方向。

其二，在发展质量效益领先上挑大梁。经济发展是质和量的有机统一，质的提升为量的增长提供持续动力，量的增长为质的提升提供重要基础。各经济大省要勇挑大梁，知难克难，聚力抓好关键

---

[①] 参见范从来：《促进区域协调发展 增强区域发展活力》，《光明日报》2024年12月26日。

## 第十章
## 加大区域战略实施力度，增强区域发展活力

性、战略性、牵引性重大问题，以量的合理增长为依托实现经济质的有效提升。在产业与科技支撑上挑大梁。加快实现高水平科技自立自强，是推动高质量发展的必由之路。各经济大省要勇挑大梁，识变应变，大胆探索、小心求证，破立并举、小步快跑，构建全链条创新生态体系。加强应用基础研究和前沿研究，特别是以颠覆性技术和前沿技术催生新产业、新模式、新动能。在国际市场地位稳固上挑大梁。在更高起点上全面深化改革开放，是新时代中国经济高质量发展的重要战略选择。各经济大省要勇挑大梁，增强内外联动，构建更有活力的开放型经济体系。加快提升通道运输能力，持续打造高能级开放平台，推动外贸外资保稳提质，加快建设内陆开放高地。打造国家级、全球性、标杆性的对外开放载体，形成资源要素集聚高地，建设制度创新高地。

2024年统计数据显示，经济总量排名前十的大省（市），占据全国近两成（17.9%）的面积，承载着五成以上的人口，占全国经济总量的61%。这10个大省可分为三个梯队：第一梯队广东省、江苏省，GDP在14万亿元左右，各占全国比重的10%；第二梯队山东省、浙江省，短期目标是GDP突破10万亿元；第三梯队四川省、河南省、湖北省、福建省、上海市、湖南省，GDP在5万亿元到7万亿元之间。[①]在地区经济发展中，各经济大省迎难而上，

---

① 参见魏玉坤等：《十省份贡献超六成GDP：经济大省这样挑起大梁》，中国政府网2025年2月13日。

实干担当，展现出中国经济的韧性与活力，经济发展的"火车头"带动力强劲。充分发挥经济大省引领作用，带动全国各区域形成合力，共同推动经济持续回升和高质量发展意义重大。

## 三

## 深化东、中、西、东北地区产业协作

党的十八大以来，以习近平同志为核心的党中央领航掌舵，把方向、谋大局、定政策、促改革，进一步完善推动西部大开发形成新格局，推动东北全面振兴取得新突破，促进中部地区加快崛起，鼓励东部地区加快推进现代化的政策体系[①]，为推动区域经济发展指明方向和路径。

东部地区是我国经济发展的先行区，对全国经济发挥着重要的增长引擎和辐射带动作用。东部地区包括北京、天津、河北、上海、江苏、浙江、福建、山东、广东、海南10个省市，是全国工业、经济、人口的主要集中地区。东部地区是全国综合实力最强的区域。2024年，东部地区生产总值70.24万亿元，约占全国经济总

---

① 参见习近平：《高举中国特色社会主义伟大旗帜　为全面建设社会主义现代化国家而团结奋斗——在中国共产党第二十次全国代表大会上的报告》，人民出版社2022年版，第32页。

量的52.1%，是全国经济发展的发动机和稳定器。《中华人民共和国国民经济和社会发展第十四个五年规划和2035年远景目标纲要》指出，要鼓励东部地区加快推进现代化。发挥创新要素集聚优势，加快在创新引领上实现突破，推动东部地区率先实现高质量发展。加快培育世界级先进制造业集群，引领新兴产业和现代服务业发展，提高要素产出效率，率先实现产业升级。更高层次参与国际经济合作和竞争，打造对外开放新优势，率先建立全方位开放型经济体系。随着东部地区率先发展战略实施，东部地区发展脚步更加扎实，转型升级、改革创新、开放发展诸方面持续走在全国前列，区域发展新动能新亮点不断涌现，对全国发展引领作用更加突出。

中部地区是我国的经济腹地，不仅担负着我国的粮食、能源、原材料等生产供给重任，而且是我国人力资源输出的重要区域。中部地区包括山西、安徽、江西、河南、湖北和湖南六省，面积102.8万平方公里，占全国的10.7%，人口众多，自然、文化和旅游资源丰富，科教基础雄厚，水陆空交通网络便捷通达，具有承东启西、连南贯北的区位优势，农业特别是粮食生产优势明显，工业门类比较齐全，生态环境总体条件较好，承载能力较强。2024年，中部地区生产总值28.72万亿元，占全国比重约为21.3%。促进中部地区崛起是中央加快中部地区发展、优化国民经济结构、保持经济持续健康发展、实现区域协调发展的重大区域战略，也是构建全国统一大市场、推动形成东中西部良性互动协调发展的客观需要。《中华人民共和国国民经济和社会发展第十四个五年规划和2035年远景目标纲要》指出，要着力打造重要先进制造业基地、提高关键领域自主创新能力、建设内陆地区开放高地、巩固生态绿色发展格局，推动中部地区加快崛起。做大做强先进制造业，在长江、京广、陇海、京九等沿线建设一批中高端产业集群，积极承接新兴产业布局和转移。推动长江中游城市群协同发展，加快武汉、长株潭都市圈建设，打造全国重要增长极。夯实粮食生产基础，不断提高农业综合效益和竞争力，加快发展现代农业。加快对外开放通道建设，高标准高水平建设内陆地区开放平台。

西部地区是我国经济持续发展的重要支撑力量。西部地区包括12个省区市，国土面积约685万平方公里，占全国的71.4%，能源资源富集，生态地位重要。新时代推进西部大开发，要坚持内外互动、创新驱动、重点突破，在强化宏观政策支持、创新东西帮扶模式、推进区域战略协同和培植内部发展引擎等方面采取措施，推进形成大保护、大开放、高质量发展的新格局。[1]在大保护方面，构筑基于流域的生态安全屏障。要把生态环境保护摆到突出位置，贯彻"绿水青山就是金山银山"理念和"大保护"观念，坚持生态优先、绿色发展，在保护中开发、在开发中保护，加大生态保护和环境治理力度，筑牢国家生态安全屏障。在大开放方面，打造西部内陆对外开放高地。要通过在西部地区构建"一带一路"内外联通的战略走廊，加大沿边地区开放力度，打造内陆开放高地，推动我国

---

[1] 参见李敬、曾维伦：《大保护、大开放、高质量发展：打造中国式现代化"西部引擎"》，《光明日报》2024年5月16日。

# 第十章
## 加大区域战略实施力度，增强区域发展活力

形成东西双向、海陆并进的多层次多渠道开放平台，发展高水平开放型经济。在高质量发展方面，推动创新驱动型现代产业发展体系。在继续承接东部地区产业转移的基础上，积极培育和引进创新型市场主体，运用新技术、新模式、新业态探索承接人才、资本和技术等先进要素的新路径，与东部沿海地区共建跨区域产业体系，构建跨区域信息共享与传播网络，打造西部地区创新驱动型现代产业体系。[①]党的十八大以来，西部地区5086万贫困人口全面脱贫，568个贫困县全部摘帽，与全国一道全面建成小康社会。[②]

东北地区是推动我国工业化发展的"柱石"、保障国家粮食安全的"基石"、维护国家生态安全的"屏障"和巩固国家国土安全的"保障"。东北地区包括东北三省和内蒙古东部五盟市，总面积147.33万平方公里，占全国的15.35%。新时代东北振兴，是全面振兴、全方位振兴。要主动调整经济结构，以城市群、都市圈为依托构建大中小城市协调发展格局，以地级行政区政府所在地城市为节点规划建设沿边经济带，推进产业多元化发展，推动城市群之外区域性中心城市发展壮大。培育新的经济增长极，加快国有企业改革，加强东北亚国际区域合作和国际次区域合作，打造对外开放新前沿。加快转变政府职能，弘扬优秀企业家精神，加强对领导干部的正向激励，树立鲜明用人导向，推动东北地区实现全面振兴。随

---

[①] 参见肖金成等：《促进区域协调发展》，广东经济出版社2024年版，第186—190页。

[②] 参见汤继强：《奋力书写西部大开发新篇章——新时代推进西部大开发形成新格局回望》，人民网2024年11月11日。

着东北振兴持续深入推进，粮食综合生产能力显著提高，基础设施不断完善，社会事业较快发展，发展后劲进一步增强。同时，重点领域改革进一步深化，厂办大集体改革任务基本完成，部分国企通过改革实现转型发展效益显著。东北地区粮食产量占全国的1/4，商品粮占全国的1/3，调出量占全国的40%，东北地区担当了中国粮食安全的"压舱石"。

深化东、中、西、东北地区产业协作，是国家谋划实施的系统性区域战略，关键在于科学合理利用既有资源和保护生态环境的平衡，发挥各自比较优势。

四

## 大力发展海洋经济和湾区经济

党的二十大报告提出："发展海洋经济，保护海洋生态环境，加快建设海洋强国。""推进粤港澳大湾区建设，支持香港、澳门更好融入国家发展大局，为实现中华民族伟大复兴更好发挥作用。"[1] 新形势下大力发展海洋经济和湾区经济，有助于激发更多蓝色动

---

[1] 习近平：《高举中国特色社会主义伟大旗帜　为全面建设社会主义现代化国家而团结奋斗——在中国共产党第二十次全国代表大会上的报告》，人民出版社2022年版，第32、58页。

## 第十章 加大区域战略实施力度，增强区域发展活力

能，引领区域创新升级。

海洋是高质量发展战略要地。《中华人民共和国国民经济和社会发展第十四个五年规划和2035年远景目标纲要》明确提出"积极拓展海洋经济发展空间"，协同推进海洋生态保护、海洋经济发展和海洋权益维护。大力发展海洋经济，一是坚持陆海统筹，加快建设海洋强国。畅通支撑"双循环"的陆海大通道，建设具有战略性支点作用的海岛体系，促进沿海地区辐射带动内陆发展，拓展深远海利用，释放海洋资源潜力，提高海洋空间支撑力。二是提高海洋资源开发能力，培育壮大海洋战略性新兴产业。加强海洋科技的研发与创新，在海洋基础研究、应用研究、高技术研究等领域不断探索。加强海洋科技人才的培养，促进"海洋大科学"人才研究团队的生成。增强海洋资源开发能力，促进传统海洋产业转型升级，着力推动海洋经济向质量效益型转变。三是严格保护海洋生态环境，推动海洋开发方式向循环利用型转变。聚焦海洋自然保护地、海洋生态保护红线等重点目标，健全完善天空地海一体化的生态监测网络和网格化精准监管体系。[①] 扩大海洋开发领域，让海洋经济成为新的增长点。党的十八大以来，海洋经济在培育新动能、拓展新空间、引领新发展等方面作用显著，成为沿海省份高质量发展的重要动力源。2024年，我国海洋经济呈现强劲发展势头，经济总

---

① 参见范恒山：《中国促进区域协调发展的理论与实践》，辽宁人民出版社2023年版，第324—325页。

量再上新台阶，首次突破 10 万亿元，达 10.5 万亿元，比 2023 年增长 5.9%，占国内生产总值的比重为 7.8%。[①]

粤港澳大湾区是国家新发展格局的战略支点、高质量发展的示范地、中国式现代化的引领地。湾区是指由一个海湾或若干个优良海湾、港湾和邻近岛屿相连而成的具有开放特质的区域，其不仅是一个地理概念，也是一个经济聚集区概念。与其他类型的区域经济形态不同，湾区经济在空间格局、产业结构、城市环境等方面具有一些显著的特征。在空间格局上，湾区经济是港口群、产业群和城市群的集合。在产业结构上，湾区经济多为"虚实结合"，兼具高端制造和现代金融双重优势。在城市环境上，湾区的自然环境、人居环境和创新环境都处于较高水平。优美的海洋景观、优质的海岸沙滩、温暖的气候条件，是多数湾区自然环境的先天优势。粤港澳大湾区发展战略实施以来，三地坚持创新引领，加强设施硬联通和机制软联通，深化民生领域合作，推进重大合作平台建设，深入促进粤港澳融合发展，一些关键领域取得了显著进展。《粤港澳大湾区发展规划纲要》发布 5 年来，大湾区经济总量超 14 万亿元，增长了 3.2 万亿元，以不到全国 0.6% 的国土面积，8600 万人口，创造出占全国 1/9 的经济总量。[②]

统筹区域发展从来都是一个重大问题。加大区域战略实施力度

---

[①] 参见《2024 年中国海洋经济统计公报》，自然资源部网站 2025 年 2 月 24 日。

[②] 参见万泽玮：《乘风破浪潮头立　湾区奔涌向未来》，《中国对外贸易》2024 年第 12 期。

第十章
**加大区域战略实施力度，增强区域发展活力**

↑经过多年努力，粤港澳大湾区建设取得阶段性显著成效，向国际一流湾区和世界级城市群迈出坚实步伐。图为粤港澳大湾区深中通道　中新图片／陈骥旻

是推进中国式现代化的重要内容，增强区域发展活力是实现中国式现代化的重要支撑。缩小不合理的两极差距，实现区域间发展的动态平衡，有利于推动经济高质量发展，有利于提升人民生活水平、增进全体人民的幸福感，有利于实现国家的长治久安。

◀ 第十一章 ▶

# 协同推进降碳减污扩绿增长,加紧经济社会发展全面绿色转型

## 第十一章
## 协同推进降碳减污扩绿增长，加紧经济社会发展全面绿色转型

伴随工业化进程的发展脚步，地球的生态系统平衡被打破。是以自然资源的过度开攫换取短时间内经济的增长，还是走人与自然和谐共生之路，成为人类在发展经济的同时需要思考的现实问题。生态文明建设不仅关系中华民族永续发展，关系民生福祉，更关系到人类文明的共生共建。在习近平生态文明思想的科学指引下，我国生态文明建设取得了举世瞩目的成就。建设社会主义现代化强国，就要将生态文明建设融入经济、政治、文化、社会等各领域，加快推进发展方式绿色转型、以新质生产力赋能高质量发展。

党的二十届三中全会将"加快经济社会发展全面绿色转型"纳入进一步全面深化改革的总目标。2024年中央经济工作会议明确要求"协同推进降碳减污扩绿增长，加紧经济社会发展全面绿色转型"。从"加快"到"加紧"，虽然只有一字之差，但将经济社会绿色转型的紧迫性充分体现了出来。

## 一

# 进一步深化生态文明体制改革

党的二十届三中全会通过的《中共中央关于进一步全面深化改革、推进中国式现代化的决定》明确将聚焦建设美丽中国、促进人与自然和谐共生作为进一步全面深化改革总目标的重要方面，系统部署深化生态文明体制改革的重点任务和重大举措。2024年中央经济工作会议再次提出："进一步深化生态文明体制改革。"

党的十八大以来，以习近平同志为核心的党中央把生态文明建设摆在全局工作的突出位置，系统谋划生态文明体制改革，形成了一套务实管用的"政策工具箱"。中央生态环境保护督察等重大制度创新和改革举措让生态环境保护真正成为硬约束，污染防治攻坚一系列举措更加务实高效，生态环境执法监督推动发现问题和解决问题的机制不断健全，生态环境治理体系和治理能力的现代化水平明显提高。

当前，我国经济社会发展已经进入加快绿色化、低碳化的高质量发展阶段，对生态环境治理能力提出了更高要求。要充分发挥生态环境保护的引领、优化和倒逼作用，加快推动产业结构、能源结

第十一章 协同推进降碳减污扩绿增长，加紧经济社会发展全面绿色转型

构、交通运输结构等调整优化。既要面对生态环境质量改善成效尚不稳固、改善难度加大的挑战，又要解决产业结构偏重、内生动力不足的矛盾，还要尽快补齐基层力量薄弱、基础支撑不足的短板，这些都需要在"进一步""深化"上想问题、谋思路、抓改革。推出的政策措施要在完善上下功夫，坚持立破并举、先立后破；在深化上见水平，把经过实践检验的成熟做法上升为制度机制；在落实上见能力，强化制度执行，打通贯彻落实"最后一公里"，确保改革落地见效。

我国将从以下六个方面发力推进绿色发展。一是更加注重源头预防，形成高水平的调控体系，从根源上降低碳排放和污染物排放；二是更加注重精准管控，形成高水平的治理体系，精准识别生态环境问题成因，靶向治疗、精准施策；三是更加注重规范倒逼，形成高水平的标准体系，推动行业技术进步，引领绿色转型；四是更加注重市场引导，形成高水平的政策体系，激发保护生态环境的内生动力；五是更加注重科技赋能，形成高水平的技术体系，提升美丽中国建设科技支撑能力；六是更加注重开放共赢，形成高水平的合作体系，共谋发展与保护协同的全球合作新路径。[①]

我们党把生态文明建设作为关系中华民族永续发展的根本大计，大力推进生态文明理论创新、实践创新、制度创新，统筹加强

---

① 参见高敬：《生态环境部：6方面发力以高水平保护支撑高质量发展》，中国政府网2024年10月11日。

生态文明顶层设计和制度体系建设，中国特色社会主义生态环境法律体系和生态文明"四梁八柱"性质的制度体系基本形成，生态环境管理体制改革取得重大突破，中央生态环境保护督察等重大制度创新和改革举措让生态环境保护真正成为硬约束，生态环境治理体系和治理能力现代化水平明显提高，有力推动我国生态文明建设取得举世瞩目的巨大成就，生态环境保护发生历史性、转折性、全局性变化，美丽中国建设迈出重大步伐，成为新时代全面深化改革历史性、革命性、开创性成就的重要组成部分。

## 二

## 加快"沙戈荒"新能源基地建设

"沙戈荒"就是被称为"死亡之海"的沙漠、戈壁和荒漠地区，那里植被稀疏、沙土飞扬、人烟稀少，虽然给人类生存带来了挑战，但却拥有大量未被开发利用的土地以及丰富的风能、太阳能等绿色资源，堪称能源绿洲。根据测算，如果可以将我国荒漠化面积的1%应用于新能源发电，那么它的装机容量将会超过目前我国发电总装机容量。

"沙戈荒"是地球生态系统中的一部分，对维护生物圈的生态平衡具有不可或缺的作用。随着新能源技术的创新发展,更好地去认识"沙戈荒",尊重自然、顺应自然,沙海就会变"蓝海",实现"不毛之地"向"能源沃土"转型,为人类造福。

习近平总书记深刻指出,我们要站在对人类文明负责的高度,尊重自然、顺应自然、保护自然,探索人与自然和谐共生之路,促进经济发展与生态保护协调统一。因此,荒漠化的防治,要按照荒漠形成、发育的规律,区分不同类型荒漠。像塔克拉玛干、撒哈拉这样的原生态沙漠,是地质演化形成的结果,应减少人类的干扰,保护其生态系统的原生性、完整性。借助科技的力量,探索如何开发、如何利用这种自然荒漠生态系统,与"沙戈荒"为友,让荒漠造福人类。

新能源基地建设是基于可再生能源资源的开发利用,旨在提高能源利用效率,减少环境污染,推动绿色低碳发展。"沙戈荒"地区凭借丰富的绿色资源,在新能源基地建设方面凸显出不可忽视的优势。我国幅员辽阔,特别是西部、北部有大量可供利用的沙漠、戈壁和荒漠化土地。据统计,我国荒漠化土地面积达到 257 万平方公里,占国土总面积的 26.81%;沙化土地面积达到 168 万平方公里,占国土面积的 17.58%。[1]2021 年,我国正式提出将在沙漠、戈壁、荒漠地区加快规划建设大型风电光伏基地项目。2022 年,国家发展改革委、国家能源局发布的《以沙漠、戈壁、荒漠地区

---

[1] 参见王迟:《国家林草局:我国沙化土地面积净减少 6500 万亩 呈现"整体好转、改善加速"良好态势》,央广网 2024 年 11 月 25 日。

**读懂中国经济的优势和未来**

↑图为 2024 年 1 月 3 日，俯瞰位于宁夏灵武市境内的"沙戈荒"光伏基地，一块块蓝色光伏板源源不断地输送着绿色电能　中新图片 / 袁宏彦

为重点的大型风电光伏基地规划布局方案》设定目标：到2030年，规划建设以沙漠、戈壁、荒漠地区为重点的大型风光基地总装机容量达到4.55亿千瓦。《中华人民共和国国民经济和社会发展第十四个五年规划和2035年远景目标纲要》明确指示：中国在"十四五"期间将建设九座大型清洁能源基地。以沙漠、戈壁、荒漠地区为重点的新能源基地建设，成为"十四五"时期我国能源绿色转型的重中之重。一批批大型风电光伏基地陆续开建，一排排光伏板随着绵延的沙丘铺设。"沙戈荒"的巨大潜能如井喷迸发，风电光伏发展进入快车道。随着我国防沙治沙与新能源开发融合推进，"沙戈荒"地区成为能源领域的"新蓝海"。国家通过各种政策组合，将"沙戈荒"区域新能源开发列入重点规划，不仅有助于拉动投资需求、促进经济增长，同时是建设新型能源体系、提升可再生能源供应能力的重要举措，有助于实现经济增长与绿色低碳转型的有机统一。

## 三

## 推动全国碳市场建设

随着经济发展、能源消费增加，二氧化碳等温室气体的排放量不断上升，引发了全球气候变暖等一系列的环境问题。我国碳排放总量和增量大，能源消耗、环境问题都给经济发展带来了压力。应对全球气候变化，碳市场作为一种以市场机制为基础的环境经济政策工具，正逐渐成为推动碳排放降低、实现可持续发展的关键力量。碳市场通过总量控制与交易机制，为碳排放权赋予经济价值，促使企业将碳排放成本纳入生产决策考量，从而激发其采取节能减排措施的内生动力。这不仅有助于优化资源配置，以最经济有效的方式实现碳排放总量的控制目标，还能引导资金流向低碳领域，推动绿色技术创新与产业升级，在经济增长与环境保护之间搭建起一座桥梁，为我国乃至全球的低碳转型探索了一条新路径。

我国在碳市场建设方面一直在稳步推进，并出台了一系列政策文件为其保驾护航。《碳排放权交易管理办法（试行）》明确了碳市场运行的基本规则，从碳排放配额分配、交易流程、数据管理到监督与处罚等方面都作出了详细规定，进一步规范了碳市场发展。2021年国务院印发的《关于加快建立健全绿色低碳循环发展经济体系的指导意见》指出，要提升碳市场交易活跃度，完善相关交易制度，充分发挥碳市场在控制温室气体排放、促进绿色低碳技术创新等方面的重要作用，进一步彰显了国家对碳市场建设的重视。2011年国家发展改革委办公厅发布《关于开展碳排放权交易试点工作的通知》，2013年开始展开碳市场试点工作，由此我国碳排放权交易市场开始发展起来。以深圳为例，作为碳市场建设的先行试点之一，深圳自2013年启动碳排放权交易试点以来，纳入管控的企业涵盖了工业、建筑、交通等多个领域，碳市场活跃度持续攀

# 第十一章

**协同推进降碳减污扩绿增长，加紧经济社会发展全面绿色转型**

↑ 2021年7月16日，全国碳排放权交易市场在上海环境能源交易所正式开市。图为上海环境能源交易所外景　中新图片 / 王冈

升。一些大型制造业企业，在碳市场机制的激励下，投入资金对生产设备进行升级改造，优化生产流程，提高能源利用效率，成功将单位产品碳排放降低。不仅减少了碳排放，还通过在碳市场上出售剩余配额获得了可观的经济收益，实现了环境效益与经济效益的双赢，生动诠释了碳市场对企业行为的有效引导作用。全国碳市场上线交易正式启动，使我国一举成为全球规模最大的碳市场，这是我国碳市场建设进程中的重要里程碑。

建立统一的全国碳市场，是推动我国经济和社会绿色化、低碳化发展的重大制度创新。着力推动全国碳市场建设，可以助力我国碳达峰碳中和目标的实现，又可助推我国经济社会的绿色转型，这将是一项长期而复杂的系统工程，面临着诸多挑战。在全球气候变化和环境问题日益严峻的背景下，推动经济社会发展全面绿色转型已成为各国的共识。美西方妄图遏制我国正常发展，大打"环境牌""气候牌"，出台碳边境调节机制等单边措施，推动全球生态环境问题政治化趋势加剧。2024年中央经济工作会议作出推动全国碳市场建设，建立产品碳足迹管理体系、碳标识认证制度等具体部署，既是顺应国际发展趋势，努力争取战略主动和对我有利发展环境的需要，也能推动我们自身高质量发展，切实增强国家的整体实力和竞争力，更能向世界充分展示我们坚定不移推动绿色低碳发展的决心和诚意，在国际舞台上发挥更大的引领作用。只有通过政府、企业、金融机构以及社会各界的共同努力和参与，不断完善碳市场的制度建设、能力提升，我国碳市场才会在低碳发展征程中取得更为瞩目的成绩，为全球应对气候变化贡献中国智慧与力量，引领经济社会迈向绿色、低碳、可持续的美好未来。

四

## 持续深入推进蓝天、碧水、净土保卫战

在时代发展的进程中，生态环境保护已成为关系人类存续与未来的关键议题。广大人民群众热切期盼良好生产生活环境。2024年中央经济工作会议提出"要持续深入推进蓝天、碧水、净土保卫战"，2025年1月发布的《中共中央、国务院关于全面推进美丽中国建设的意见》明确"持续深入推进污染防治攻坚"等目标任务。

良好的生态环境是最普惠的民生福祉。打好蓝天、碧水、净土保卫战，有效扭转恶化的生态环境，人民群众的获得感、幸福感、安全感才会更强。回首过往，蓝天保卫战的打响让诸多城市重焕生机。以北京为例，曾经雾霾锁城，冬日里能见度极低，呼吸道疾病频发。为了打赢这场蓝天之战，北京痛定思痛，多管齐下。一方面，大力推进能源结构调整，燃煤锅炉加速淘汰，数以千计的老旧锅炉被清洁能源替代，削减了大量二氧化硫排放量。数据显示，仅2022年，北京全市煤炭消费量就同比下降超15%。另一方面，严

控机动车尾气污染，老旧车限行、淘汰力度空前，同时提升油品质量，如今新能源车保有量持续攀升，在道路上占比日益增大，氮氧化物排放得到有效遏制。一系列组合拳之下，北京的蓝天日数显著增加，2023年、2024年空气质量优良天数比例分别为接近70%和接近80%，市民又能在蓝天下畅快出行、尽情呼吸。碧水保卫战同样战绩斐然。江苏太湖作为我国第三大淡水湖，曾饱受湖体富营养化之苦，蓝藻水华年年肆虐，湖水散发恶臭，周边渔业、旅游业遭受重创。江苏等地协同发力，严格监管沿岸工厂，对污水排放口逐一排查整治，使污水处理厂提标升级，日处理污水能力大幅跃升。同时，生态补水工程有序推进，引长江水入太湖，增强水体流动性，稀释污染负荷。历经多年努力，太湖水质持续好转，湖体富营养化指数下降近30%，水生生物多样性逐步恢复，绝迹多年的一些鱼类重现身影，湖边的渔家灯火再次点亮，旅游旺季游人如织，再现"太湖美"的盛景。土壤质量事关家家户户的米袋子、菜篮子、水缸子，也关系到国家生态安全和美丽中国建设。而与水污染、大气污染相比，土壤污染更具有隐蔽性、潜伏性和长期性，这就给治污工作增加了难度。土壤污染防治工作，关系着生态安全、粮食安全。加强土壤污染源头防控，强化固体废物、新污染物、塑料污染治理。在净土保卫战前沿，针对一些重金属污染区的转型，政府打出一套套政策"组合拳"，形成联动效应。比如，对因长期矿业开采、土壤镉铅等重金属严重超标、农作物受污染的情况，当地政府联合科研团队，对污染土壤进行修复，采用植物提取、化学淋洗等技术，一点点剥离土壤中的重金属毒素；加之调整农业产业结构，培育非食用性的经济作物，如花卉、苗木种植，避开污染风险。一次次重拳出击、一项项创新举措，扎实推进净土保卫战，使荒芜的土地又绽放出五彩斑斓的生机，扭转农民颗粒无收境遇，使农民收入不降反升，实现了生态效益与经济效益的双赢。

持续深入推进蓝天、碧水、净土保卫战，既是实现高质量发展的关键一环，又关系到民生福祉。通过环境污染防治与生态保护修复，只有将经济活动限制在自然生态能够承受的范围之内，推动经济向绿色、低碳、高效转型，才能实现高质量发展。

五

## 加强自然灾害防治体系建设

习近平总书记强调，防灾减灾救灾事关人民生命财产安全，事关社会和谐稳定，是衡量执政党领导力、检验政府执行力、评判国家动员力、体现民族凝聚力的一个重要方面。要坚持以人民为中心的发展思想，坚持以防为主，加强自然灾害防治体系建设，为人民生命财产安全提供坚实保障。

我国幅员辽阔，地质种类复杂多样，自然灾害频发。非常态重特大灾害形势严峻，每发生一次，往往会造成极大的经济损失及人员伤亡。自然灾害不仅会给人民群众生活带来巨大的负面影响，而且对整个国家的政治、经济、社会生活都会产生极大影响。一直以来，党和政府都高度重视自然灾害的防治救险工作。一方面提升防治预测能力，及时提出示警；另一方面充分发挥社会主义制度能够集中力量办大事的政治优势，在自然灾害发生的第一时间进行救灾抢险，挽救人民群众生命、保护人民群众财产。1990—2023年，全球90.1%的重大自然灾害、82.8%的经济损失和91.1%的保险损失，都是由气象灾害及其次生、衍生灾害造成的。最新研究显示，在未来26年内，预计极端天气会使全球收入减少大约19%，而由于气候变化导致的经济损失或将达38万亿美元。可见，要加快经济社会发展，加强自然灾害防治体系建设已经是不可忽视的课题。党的二十届三中全会指出，要完善自然灾害特别是洪涝灾害监测、防控措施，织密社会安全风险防控网，切实维护社会稳定。2024年8月，中共中央、国务院印发《关于加快经济社会发展全面绿色转型的意见》，也提出了"探索建立环境污染和气象灾害高效监测、主动预警、科学分析、智能决策系统"的要求。

当前，高强度的人类活动对自然生态的影响，引发全球气候变化、极端自然灾害频发，给防灾减灾工作带来更多的不确定性。只有不断完善自然灾害的监测和防控措施，提高防灾减灾水平，才能更好地保障人民生命财产安全、维护社会稳定、促进经济发展。面对新的灾害风险情势，建立高效科学的自然灾害防治体系，提高全社会自然灾害防治能力尤为重要。党的二十届三中全会和全国应急管理工作会议都特别强调了科技支撑在防灾减灾救灾工作中的关键作用。习近平总书记提出的"两个坚持、三个转变"理念以及"九项重点工程"明确了科技和创新在自然灾害防治工作中的核心地位。科技的迅猛发展，催生了新技术、新手段、新产品。随着我国综合国力的不断提升，很多先进的科技被有效地应用到自然灾害防御领域，比如，遥感卫星、物联网、大数据等技术投入，构建天地一体灾害监测网，精准捕捉灾害"萌芽"；利用人工智能优化预警模型，提升预报准确率与时效性，使我国在自然灾害监测和防控领域取得了显著成果。通过不懈投入和努力实践，我国的自然灾害监测防控能力正在不断地缩小与国际领先水平的差距，甚至在部分领域已经实现突破和领先。

在防灾减灾环节，中国的海绵城市建设成果显著。以武汉市为例，过去每逢暴雨，城市内涝严重，交通瘫痪，居民生活苦不堪言。武汉市大力推进海绵城市试点，新建区域广泛采用透水铺装，大街小巷如同会"呼吸"的海绵，雨水迅速下渗；下沉式绿地星罗棋布，储蓄雨水用于周边绿化灌溉；巧妙设计雨水花园，净化雨水的同时美化环境。自海绵城市建设逐步铺开后，武汉市中心城区应对暴雨能力显著提升。数据显示，在2023年的几次强降雨过程中，内涝面积较之前同等雨量年份减少近40%，众多社区、商业区安然度过汛期，居民不再"看海"，城市运行有条不紊。

可见，科技和创新是自然灾害防治能力提升的关键与核心驱动力。加强自然灾害防治体系建设，提升科技赋能，加强基础理论研究和技术创新，持续推动防灾减灾理论和技术从 0 到 1 的突破和从 1 到 N 的拓展推广，才能真正实现习近平总书记强调的"从注重灾后救助向注重灾前预防转变，从应对单一灾种向综合减灾转变，从减少灾害损失向减轻灾害风险转变"。加强自然灾害防治关系国计民生，只有建立高效科学的自然灾害防治体系，才能提高自然灾害的监测预警及防治能力，应对未来可能发生的重大自然灾害风险，更好地保护人民群众生命财产安全，维护国家安全和社会稳定。每一次成功避险、高效救援、有序重建，都饱含人类的智慧与勇气。唯有全球携手、持之以恒，不断完善防治体系，才能在自然灾害肆虐时站稳脚跟，让家园稳固、生命无忧，迈向更具安全感的未来。

◀ 第 十 二 章 ▶

# 加大保障和改善民生力度，增强人民群众获得感、幸福感、安全感

# 第十二章
## 加大保障和改善民生力度，增强人民群众获得感、幸福感、安全感

保障和改善民生，不仅关系到人民生活水平的提高，也关系到社会的稳定，更关系到党的执政地位。我们党历来高度重视解决民生问题，《中华人民共和国国民经济和社会发展第十四个五年规划和2035年远景目标纲要》明确提出："增进民生福祉，提升共建共治共享水平。"2024年中央经济工作会议提出了"保持就业、物价总体稳定""促进居民收入增长和经济增长同步"的目标，制定了"实施重点领域、重点行业、城乡基层和中小微企业就业支持计划"的举措，目的就是稳就业、促民生。找准保障和改善民生的关键点，化解外部环境带来的不利影响，意义十分重大。

读懂中国经济的优势和未来

一

# 实施重点领域、重点行业、城乡基层和中小微企业就业支持计划

就业是最基本的民生，没有充分、稳定的就业作为保障，就无法保证人民的生活、社会的和谐和国家的稳定。党的十八大以来，党中央坚持把就业工作摆在治国理政的突出位置，强化就业优先政策，加强财税、金融等政策对稳就业的支持，健全就业促进机制，加强对就业容量大的行业企业支持，有效应对各种压力挑战，为民生改善和经济发展提供了重要支撑。

掌握重点领域、重点行业的演变过程是实施针对性就业支持计划的前提。我国的重点行业、重点领域随着时代变迁不断发展演进。从新中国成立到改革开放初期，在政治孤立、经济封锁的情况下，为捍卫主权与民族独立，应对外部军事威胁，国家重点行业的关键资源向军工领域倾斜，央企经营的钢铁、汽车、石油、电力等重工业和基础设施是国家重点建设的行业和领域。20世纪八九十年代，为适应改革开放需要，我国打破了旧的计划经济体制，建立起社会主义市场经济体制。此时的重点行业、重点领域除延续国防

需要的重工业领域外，还包括适应时代发展的广播、电影、电视、新闻、出版等各项文化事业，以及促进经济快速增长的高新技术产业和沿海经济产业。从21世纪初到2012年，随着改革开放的提速和深入，越来越多的与民生相关的国家重点行业投入建设。为加快医疗卫生事业发展，三甲医院成为国家重点建设领域。同时，为了促进东西部均衡发展，国家大力实施西部大开发战略，引导资源加工型和劳动密集型产业向中西部地区转移，形成全国重要的棉花和畜产品基地、石油化工基地、能源基地和有色金属基地。2012年至今，在新的历史起点上，国家的重点行业与重点领域，向着国家由大向强、符合全面小康社会发展需求方向倾斜。一是着力振兴实体经济。各项政策措施向实体经济倾斜，推动形成新兴产业和传统制造业并行、现代服务业和传统服务业促进、信息化和工业化融合、军民融合发展的新格局。二是推动制造业高质量发展。坚持以先进制造业为支撑，发展集战略性新兴产业和先进制造业于一身的高端装备制造业，加快补齐制造业质量不高的短板。三是加快高技术基础设施建设。国家注重互联网络、数据中心、人工智能、物联网等新型技术运用，提升传统基础设施智能化水平，形成适应智能经济、智能社会需要的基础设施体系。

拓展重点群体就业渠道是实现充分就业的关键。高校毕业生是就业的主体力量，2025年预计将有1222万名全国普通高校毕业生，他们年轻有为、富有活力，保障他们就业是关系发展稳定和民生福祉的大事、要事。因此，国家强化青年就业政策举措，优化就业创业指导服务，大力实施青年就业启航、"宏志助航"等专项计划，开发更多适应高校毕业生的就业岗位，能够让他们在祖国最需要的地方发光发热，贡献自己的聪明才智。同时，国家强化对困难家庭毕业生、长期失业青年的就业帮扶，将留学回国人员作为国家宝贵的人力资源，使他们与高校毕业生同等享受就业创业政策和服务，保障优质人力资源充实到社会各行业。2025年4月，中共中央办公厅、国务院办公厅印发的《关于加快构建普通高等学校毕业生高质量就业服务体系的意见》指出，要统筹抓好教育、培训和就业，以产业端人才需求和就业端评价反馈为指引，全链条优化培养供给、就业指导、求职招聘、帮扶援助、监测评价等服务，开发更多有利于发挥所学所长的就业岗位，完善供需对接机制，力求做到人岗相适、用人所长、人尽其才，提升就业质量和稳定性。经过三年至五年的持续努力，基本建立覆盖全员、功能完备、保障有力的服务体系，为促进高校毕业生高质量充分就业提供坚实保障。退役军人是党和国家的宝贵财富，是建设中国特色社会主义的重要力量。促进他们就业创业，对于更好实现退役军人自身价值、助推经济社会发展、服务国防和军队建设具有重要意义。解决好他们的就业问题，能够树好"军人是社会最尊崇的职业"导向，有利于激励更多的青年投身国防事业。我国成立了退役军人事务部，对接退役军人就业具体事宜。为退役军人提供各类学历教育和职业技能培训、创业培训，提高他们适应社会就业岗位的能力。探索"教培先行、岗位跟进"就业模式，鼓励优秀退役军人按有关规定到党的基

# 第十二章
## 加大保障和改善民生力度，增强人民群众获得感、幸福感、安全感

↑据中国教育部消息，2025届全国普通高校毕业生规模预计达1222万人，2024年9月以来，截至2024年12月3日，各地各高校已开展大型招聘活动9.2万场，提供就业岗位信息超1964.2万条。图为2024年11月20日在北京首都经济贸易大学举行的毕业生就业双选会　中新图片／张祥毅

层组织、城乡社区和退役军人服务机构工作，引导退役军人围绕国家重点扶持领域创业。农村富余劳动力和就业困难人员是就业的重难点问题，解决问题的关键在于在农村创造更多的就业岗位，通过引导外出人才返乡、城市人才下乡创业，实现城乡之间的双向流动、互融互通。加强对大龄、残疾、较长时间失业等就业困难群体的帮扶，合理确定、动态调整就业困难人员认定标准，完善及时发现、优先服务、精准帮扶、动态管理的就业援助工作机制，统筹用好公益性岗位，确保零就业家庭动态清零。

发展多样化就业新形态是应对现行就业压力的有效手段。目前，我国就业总量压力和结构性矛盾并存，劳动力供给总量问题转为结构性短缺，随着平台经济、共享经济、零工经济等经济形态的快速发展，新就业形态成为吸纳就业的一条重要渠道，有利于解决人力资源供需不匹配这一结构性就业矛盾带来的突出问题。按照促进高质量充分就业的有关部署，要建设区域性行业性零工市场、功能化便捷化零工驿站等，支持和规范发展新就业形态，支持灵活就业健康发展。一是完善灵活就业服务保障措施，健全就业新形态的公共服务体系。建立完善覆盖各类劳动者群体和用人单位的公共就业服务体系，推动公共服务资源下沉，系统性加强基层就业服务力量。二是优化就业新形态的权益保障制度。及时构建新就业形态的信息发布平台，畅通劳动者维权渠道，保障劳动者对平台劳动规则的知情权、参与权。督促平台企业严格落实政府出台的相关指引和细则，与新就业形态劳动者依法订立劳动合同、书面协议，扩大新就业形态劳动者职业伤害保障试点，为新就业形态劳动者提供基本的权益保障。三是让新就业形态劳动者更有保障。支持新就业形态劳动者参加城镇职工相关社会保险，逐步将其纳入工伤、失业、生育保险范围。构建动态化、个性化、智能化的社会保障缴费和待遇核算机制，科学确定社会保障缴费标准。对就业困难人员、离校 2 年内未就业高校毕业生灵活就业的，按照规定予以一定的保险补助。

## 二

## 落实好产业、就业等帮扶政策

产业与就业相辅相成，落实好产业、就业等帮扶政策对于巩固拓展脱贫攻坚成果、促进经济社会发展和实现共同富裕具有至关重要的意义。解决好结构性就业矛盾，一方面，要着力解决人力资源不足的问题，为产业提供更多的优质人力资源。另一方面，要推进产业转型升级，努力创造更多优质就业岗位。

落实好产业帮扶政策促进就业扩容是解决好结构性就业矛盾的关键一招。习近平总书记强调指出，"要坚持以供给侧结构性改革为主线,积极转变发展方式、优化经济结构、转换增长动力"①。这一论述为产业帮扶政策的落实指明了方向。产业帮扶的核心工作就是促进就业扩容。产业发展是乡村振兴的强劲引擎,要围绕"巩固一批、升级一批、盘活一批、调整一批"这"四个一批"壮大帮扶产业,拓宽村民就近就业渠道,实现稳定增收。2024 年,我国 832 个脱贫县均培育形成 2—3 个主导产业,总产值超过 1.7 万亿元。截至 2024 年底,脱贫劳动力务工就业人数 3305 万,已连续 4 年稳定在 3000 万人以上。②这些数据充分说明产业帮扶对就业的巨大带动作用。在促进就业扩容方面,产业帮扶要从三个方面精准规划布局。一是发展新质生产力,改造传统产业,大力发展新兴产业,努力创造更多高质量就业岗位。二是不断细化社会分工,一方面,提升就业工作质效,提高精确生产水平;另一方面,积极挖掘、培育新的职业序列,开发新的就业增长点。三是通过政策引导,使政府、企业和社会各方同向发力。政府加强政策支持,加大对产业发展的投入,完善就业服务体系。企业积极承担社会责任,加大技术创新和产业升级力度,创造更多就业机会。社会各界营造良好的就业创业环境,促进高质量充分就业。

加强职业技能培训、提高就业适配率是解决结构性就业矛盾的核心任务。当前,我国就业领域面临的主要问题是人才供给难以适应市场变化和产业需求,导致结构性用工有缺口。而解决这一矛盾

---

① 习近平:《在庆祝改革开放 40 周年大会上的讲话》,《人民日报》2018 年 12 月 19 日。
② 参见郁静娴:《继续拓宽农民增收致富渠道》,《人民日报》2025 年 1 月 21 日。

的关键，就是加强培训，加快培养与产业发展相适应的人力资源。习近平总书记强调，深化产教融合、校企合作，深入推进育人方式、办学模式、管理体制、保障机制改革，培养更多高素质技术技能人才、能工巧匠、大国工匠。首先，做好培训路径规划，建立以职业院校、企业和各类职业培训机构为载体的职业培训体系，面向城乡各类有就业需求的劳动者开展多样化就业技能培训，鼓励企业通过多种方式广泛开展在岗职工技能提升培训和高技能人才培训。其次，打造理论知识扎实、专业技术精通、实践经验丰富的职业技能培训师资队伍。最后，加大对职业技能培训的投入，落实相关补贴政策，鼓励企业和社会力量参与，完善职业技能培训的保障机制。通过政策引导，破解"有活没人干"和"有人没活干"的难题。

深入完善就业服务体系为解决结构性就业矛盾提供制度保障。在就业帮扶中，完善就业服务体系是一项重要的管理任务。首先，完善就业服务体系要强化政策指引。政府应在制定国民经济和社会发展规划与年度计划时，把高质量充分就业作为优先目标，切实提高经济发展的就业带动力。其次，完善就业服务体系要聚焦先进技术发展。当下，数字经济、绿色经济、银发经济等发展机遇为就业带来了新动能，创造了更多高质量就业岗位，为完善就业服务体系提供了有力支撑。最后，建立健全就业信息服务平台，及时发布就业岗位信息和求职者信息，实现供需精准对接。比如，一些地方推出的"就业服务不打烊、网上招聘不停歇"活动，通过网络平台为求职者和用人单位提供了便捷的服务。

## 三

## 实施医疗卫生强基工程

党的十八大以来,以习近平同志为核心的党中央把保障人民健康摆在优先发展的战略地位,作出实施健康中国战略的重大决策部署,制定了一系列改革举措,推动卫生健康事业取得了历史性成就。但是我们也应看到,我国城乡基本公共卫生服务发展不均衡问题仍然存在,卫生健康体系还有待完善,应对突发公共卫生事件能力还不强,需要我们加快实施医疗卫生强基工程。

实施医疗卫生强基工程是实施健康中国战略的必然要求。健康中国战略是以提高人民健康水平为核心的国家战略。它的主要目标是全方位、全周期保障人民健康,包括提供覆盖城乡居民的基本医疗卫生服务,实现医疗卫生资源的均衡发展,健康生活方式的普及,以及参与健康产业建设等方面内容。2016年8月,习近平总书记在全国卫生与健康大会上强调,要把人民健康放在优先发展的战略地位,努力全方位全周期保障人民健康。只有把人民的利益放在首位,满足人民群众的健康需求,切实保障人民群众的健康权益,才能充分调动人民群众的积极性和创造性,共同推动医疗卫生事业的发展。因此，要注重城乡之间、区域之间医疗卫生资源的协调发展，缩小差距，实现均衡发展。实施医疗卫生强基工程，要统筹兼顾不同地区、不同层次的医疗卫生需求，合理配置资源，确保医疗卫生服务的公平性和可及性。

实施医疗卫生强基工程可以构建强大的公共卫生体系。首先，改革完善疾病预防控制体系。习近平总书记强调："疾病预防控制体系是保护人民健康、保障公共卫生安全、维护经济社会稳定的重要保障。"[1] 我国不断加大对疾控机构基础设施和实验室建设的投入，截至2023年末，全国专业公共卫生机构达12121个，专业公共卫生机构人员数量不断增加，为疾病预防控制提供了有力支撑。其次，加强监测预警和应急反应能力。毛泽东曾说过，"动员起来，讲究卫生，减少疾病，提高健康水平"[2]。这体现了预防为主、未雨绸缪的思想，与加强监测预警的理念不谋而合。我国已建立法定传染病和突发公共卫生事件网络直报系统，覆盖全国各级医疗卫生机构，有效提升了快速应急处置能力。最后，完善公共卫生法律法规是构建强大公共卫生体系的法治保障。只有有法可依、依法行事，才能确保公共卫生工作的有序开展。

实施医疗卫生强基工程是应对人口老龄化、优化生育政策的

---

[1] 习近平：《构建起强大的公共卫生体系　为维护人民健康提供有力保障》，《求是》2020年第18期。

[2] 中共中央文献研究室编：《毛泽东年谱（一九四九——一九七六）》第一卷，中央文献出版社2013年版，第628页。

重要保障。"十四五"时期是应对人口老龄化的重要窗口期，到"十四五"末，我国60岁以上老年人口占总人口的比例达22%，从轻度老龄化阶段进入中度老龄化阶段。2024年7月，党的二十届三中全会通过的《中共中央关于进一步全面深化改革、推进中国式现代化的决定》对健全人口发展支持和服务体系作出部署，明确以应对老龄化、少子化为重点完善人口发展战略，提出完善生育支持政策体系和激励机制等改革举措。通过构建居家和社区机构并行、医养康养相结合的养老服务体系，推动医疗卫生服务向社区、家庭延伸，有效解决老年人医疗保障问题。在优化生育政策方面，我国始终坚持人口与发展综合决策，实施从"单独两孩"政策到"全面两孩"政策，再到"三孩"政策及配套支持措施。各地政府也积极响应中央号召，完善生育休假制度，设立生育补贴和育儿补贴，对符合条件的家庭给予相应补贴，有效推进了优化生育政策的落地。

四

## 加强公共安全系统施治

公共安全是指社会和公民个人从事和进行正常的生活、工作、学习、娱乐和交往所需的稳定外部环境和秩序。公共安全系统施治，是国家行政机关为了维护社会的公共安全各项秩序，保障公民的合法权益，以及社会各项活动的正常进行而做出的各种行政活动的总和。在以中国式现代化全面推进强国建设、民族复兴伟业的新征程上，以更高标准、更大力度、更实举措加强公共安全系统施治，能够有效塑造有利于发展的公共安全环境。

坚持预防为主是我国公共安全治理的明确要求，也是公共安全治理的第一环节。公共安全治理是一个全周期的闭环活动过程，包括事前防范准备、事中抢险救援、事后恢复重建等不同环节。古人云："防为上，救次之，戒为下。""上医治未病，中医治欲病，下医治已病。"习近平总书记强调："全面贯彻落实总体国家安全观"，"坚持立足于防，又有效处置风险"。[1] 与事中抢险救援和事后恢复重建相比，事前防范准备是一种更有效、更经济、更安全的治理策略，在全周期公共安全治理活动中处于先导性、基础性、战略性地位。党的十八大以来，以习近平同志为核心的党中央把坚持预防为主摆在更加突出的位置，作出了防范化解重大风险、建设更高水平平安中国、全面推进健康中国建设等一系列重大部署，把坚持预防为主纳入新时代我国公共安全治理的明确要求和基本原则。习近平总书记先后强调指出："要健全风险防范化解机制，坚持从源头上防范化解重大安全风险，真正把问题解决在萌芽之时、成灾

---

[1] 中共中央党史和文献研究院编：《习近平关于中国特色大国外交论述摘编》，中央文献出版社2020年版，第263、264页。

之前"①,"坚持把防范化解国家安全风险摆在突出位置,提高风险预见、预判能力,力争把可能带来重大风险的隐患发现和处置于萌芽状态"②。近年来,我国将预防为主的要求以文件法规的形式予以明确。2024 年修订的《中华人民共和国突发事件应对法》把"坚持预防为主、预防与应急相结合"列为我国突发事件应对工作应当坚持的原则之一,并列专章就突发事件预防与应急准备作出详细规定。这充分体现了党中央抓好公共安全治理第一环节的信心和决心。

抢险救援在应对各类灾害和突发事件中发挥至关重要的作用,是加强公共安全治理的中心环节。2024 年 7 月 19 日,陕西省商洛市柞水县境内一高速公路桥梁因山洪暴发发生垮塌,习近平总书记作出重要指示:"当务之急是全力抢险救援,千方百计搜救失联人员,最大限度减少人员伤亡。""要注意科学施救,细致排查周边安全隐患,严防次生灾害。"③这充分体现了以人民为中心的发展思想。做好事中抢险救援,需要重点抓好三项工作。一是强化指挥协调体系,建立统一高效的指挥机构,打破部门、区域壁垒,实现军地、部门间的协同作战。如国家防汛抗旱总指挥部在防汛救灾中统一

---

① 中共中央党史和文献研究院编:《习近平关于防范风险挑战、应对突发事件论述摘编》,中央文献出版社 2020 年版,第 199 页。

②《坚持系统思维构建大安全格局 为建设社会主义现代化国家提供坚强保障》,《人民日报》2020 年 12 月 13 日。

③《要求全力抢险救援 强化巡查排险 切实保障人民群众生命财产安全》,《人民日报》2024 年 7 月 21 日。

第十二章
加大保障和改善民生力度，增强人民群众获得感、幸福感、安全感

调度各方力量，水利部、应急管理部等各司其职，形成抢险救援合力。二是提升救援队伍能力。注重培养救援人员的专业素养和奉献精神，打造一支召之即来、来之能战、战之必胜的队伍。三是完善物资保障体系，建立健全抢险救援物资储备、调配机制，合理布局物资储备点，确保物资种类齐全、数量充足。利用信息化手段，实现物资的精准调配和快速运输，为抢险救援提供坚实的物质基础。

做好恢复重建是加强公共安全治理的保底手段，能有效化解灾难带来的负面影响。灾难会对生产方式的各个要素造成破坏，恢复重建就是要重新构建被破坏的生产方式，恢复劳动力与劳动资料的正常关系，让经济社会重新步入正轨。首先，要强化组织领导。各级党委和政府要把事后恢复重建作为重要任务。例如，在积石山 6.2 级地震灾后重建中，甘肃、青海两地在党中央、国务院的领导下，展开了艰苦卓绝的抗震救灾和灾后重建工作，灾情较重的甘肃省积石山县和青海省民和县，一幢幢楼房拔地而起，一个个产业项目蓄势待发，一间间教室书声琅琅，积石山地震灾后重建如期取得重大进展，受灾群众逐渐走出地震创伤，这都得益于党中央的坚强领导和地方政府的积极作为。[1] 其次，要加大资金和物资投入。2023 年北京地区出现极端强降雨，引发洪涝和地质灾害等情况，相关金融管理部门联合推出帮扶市场主体措施，单列 100 亿元

---

[1] 参见尚杰等：《震后一年，建起新家园——积石山地震灾后重建如期取得重大进展》，《光明日报》2024 年 12 月 20 日。

↑在积石山地震一周年之际,青海省民和县受灾居民已实现全部回迁入住,安全温暖过冬。图为该县巴州镇羊羔滩村地质灾害避险搬迁安置区航拍图 中新图片 / 张忠苹

支农、支小再贷款额度和 50 亿元再贴现额度，用于支持相关金融机构做好灾后金融服务工作，国家千方百计保障好受灾群众基本生活，受灾群众更有信心积极作为、主动自救，实现了灾后重建的双向奔赴。[1] 最后，要充分发动群众和社会力量。灾后恢复重建工作要充分调动受灾群众的积极性，让他们主动参与重建家园，同时鼓励社会各界捐款捐物、提供技术支持等，使广大人民群众真正成为公共安全治理的参与者和受益者。

  2025 年是"十四五"规划的收官之年，我们要把思想和行动统一到党中央决策部署上来，贯彻落实好 2024 年中央经济工作会议部署，坚持干字当头，增强信心、迎难而上、奋发有为，把各方面积极因素转化为发展实绩，切实增强人民群众获得感、幸福感、安全感，高质量完成"十四五"规划目标任务。

---

[1] 参见王石川：《全力以赴重建美好家园》，《光明日报》2023 年 8 月 15 日。

◀ 第十三章 ▶

# 确保决策部署落到实处

# 第十三章
## 确保决策部署落到实处

2025年是"十四五"规划收官之年,做好经济工作,意义重大。2024年中央经济工作会议明确了2025年经济工作的总体要求、政策取向和重点任务,这是以习近平同志为核心的党中央在深入分析国内国际形势、准确把握机遇和挑战基础上作出的科学谋划,是引领我国经济发展的重大部署。我们要把思想和行动统一到党中央决策部署上来,坚持干字当头,增强信心、迎难而上、奋发有为,汇聚起团结一心、苦干实干的决心信心,以务期必成的责任担当抓好贯彻落实,确保党中央各项决策部署落到实处。

## 一

# 强化正向激励

　　强化正向激励是激发广大干部群众积极性、主动性和创造性的关键所在。正向激励是通过满足人们的物质和精神需求，激发干事创业的内生动力，从而激发广大干部群众投身于经济建设的热情，使其更加积极主动地参与到经济工作中来。

　　政绩考核"风向标"，对推动政府治理能力提升、促进经济社会高质量发展起着至关重要的作用。改革开放后，深圳这座曾经的小渔村飞速崛起，成为国际化大都市。在发展历程中，深圳始终将政绩考核聚焦在经济创新、产业升级等关键指标上，广大干部积极作为，吸引了众多如华为、腾讯等科技企业入驻扎根，不断投入研发，带动产业链上下游协同发展，让深圳在全球科技与经济版图中占据重要一席。政绩考核评价指挥棒指向哪儿，哪儿就是干部使劲用力的地方。一方面要着力构建科学合理的考核指标体系，防止指标僵化，根据宏观经济周期、区域发展特色及时调整优化，如一些旅游城市适时增设旅游专项指标，鼓励干部创新旅游营销、提升服务品质，助力行业重振。另一方面要运用多元化考核方法，除了传

## 第十三章
### 确保决策部署落到实处

统的统计数据评估，适当引入第三方评估、群众满意度调查等，杜绝各级干部在经济建设中"唯政绩论"的不良倾向。要综合考量干部在经济工作中的德、能、勤、绩、廉各方面表现，对踏实做事、虽短期政绩不显但为长远发展打基础的干部给予公正评价，让政绩考核真正成为激励干部担当作为、推动经济高质量发展的有力工具。

正确选人用人导向是指引干部成长进步的风向标，是引领干部创业的指挥棒。正确选人用人导向能够汇聚各方英才，激发创新活力，为经济持续增长注入源源不断的动力；反之，则可能导致资源错配、发展受阻。一方面，要拓宽选人视野，不拘一格降人才。不能仅局限于在传统的行政体系内选拔，还要放眼科研院所、企业经营一线等领域。例如，浙江省在数字经济发展进程中，从互联网企业招揽技术骨干、管理人才充实到政府经济部门挂职，甚至直接担任要职。他们将企业中的高效运营理念、敏锐市场嗅觉带入政务决策，助力浙江省在电商、数字金融等领域领跑全国。另一方面，要以实绩论英雄。在经济建设考核指标上，摒弃单纯以 GDP 总量论高低的旧观念，更加注重绿色发展、民生改善、科技创新转化等多维度成绩。例如，贵州省在脱贫攻坚与生态经济协同发展道路上，选拔任用扎根基层、能带领群众发展特色产业致富的干部。这些干部因地制宜推广山地特色农业、乡村旅游，既让绿水青山变成金山银山，又实现数百万贫困人口脱贫摘帽，农村居民人均可支配收入增速连续多年高于全国平均水平。可见，只有用实实在在的发展成

读懂中国经济的优势和未来

↑党的十八大以来,在脱贫攻坚一线,数以百万计的扶贫干部用他们扎实的工作诠释着脱贫攻坚精神。贵州省从江县将农村人居环境整治工作作为脱贫攻坚工作的一项重要抓手,大力实施农村房屋透风漏雨整治、人畜混居整治和人居环境整治,有效改善了村容村貌和人居环境,百姓满意度、幸福感不断提升。图为2020年9月,该县加榜乡党扭村风景  中新图片/吴德军

果、群众满意度作为选人用人的"硬标尺",才能选出德才兼备、担当作为者,促进经济高质量发展。

榜样的力量是无穷的。在经济工作中,要注重发现和宣传先进典型,发挥榜样的示范引领作用。通过表彰优秀干部、群众,树立可亲可敬可学的身边榜样,激发干部、群众的竞争意识和进取心,形成比学赶超的良好氛围;通过宣传优秀事迹和成果,增强组织的凝聚力和向心力,提升干部、群众的归属感、成就感和荣誉感。这种表彰和宣传的双重作用,有助于培育积极向上的组织文化,进一步强化正向激励的效果。首先,要对在经济建设中表现出色的个人和集体进行表彰和奖励,如设立"经济建设突出贡献奖""优秀企业家奖"等。多地政府对在当地经济发展中作出突出贡献的企业和企业家进行了表彰,并通过媒体广泛宣传,极大地提高了他们的知名度和美誉度,激发了他们继续为经济建设作贡献的动力。其次,要在经济领域树立勇于创新、敢于担当的先进典型,通过深入挖掘表彰对象的优秀事迹和成果,引导干部、群众树立正确的价值观和职业观,增强责任感和使命感,激发他们为推动经济高质量发展作贡献的奋进动力。

当前,国内外经济形势复杂严峻,各种不确定因素增多。建立容错纠错机制能够使干部在面对复杂环境时更加从容,敢于作出决策并及时调整策略,以适应经济形势的变化。建立容错纠错机制,习近平总书记提出的"三个区分开来"为我们提供了重要遵循。要准确界定哪些错误是可以宽容的,哪些是不可宽容的,正确对待干部因缺乏经验、先行先试出现的失误，正确对待干部在国家尚无明确限制的探索性试验中的失误，正确对待干部为推动改革的无意过失，始终正确把握好事业为上、实事求是、依纪依法、容错纠错等根本原则，给大胆创新的"闯将"松绑，为锐意进取的"猛将"护航，让真抓实干的"干将"安心，以组织担当促进干部担当，更好激励干部在敢闯敢为中打开事业发展新天地。2023 年，江苏省南京市建邺区出台的《关于落实"四敢"要求 深化运用容错纠错机制的六项措施》，从主观动机、工作内容、决策过程、问题性质、后果影响、应对态度六方面明确了容错纠错的认定标准，明确正负面清单和认定标准，确保了认定的准确性、合规性、合理性，既旗帜鲜明鼓励党员干部担当作为，又严明纪律规矩划出"红线"，督促引导党员干部在党纪法规框架下干事创业。[1]

## 二

## 切实为基层松绑减负

基层是贯彻决策部署和联系服务群众的关键环节，其工作的高

---

[1] 参见顾津溶:《为担当者担当 南京建邺出台深化运用容错纠错机制六项措施》，央视网 2023 年 2 月 10 日。

第十三章 确保决策部署落到实处

效性和精准性直接影响着政策的落地效果和群众的满意度。为基层松绑减负，能够有效提升其服务效率与质量，优化营商环境，助力企业轻装上阵、民众安心创业，加快经济高质量发展的步伐。

在经济建设进程中，明确权责边界是保障经济稳健、高效、可持续发展的必然要求。然而，在实际工作中，常因权责边界不清导致基层负担过重，出现责任推诿等问题，制约了地方经济发展的速度与质量。要切实厘清上下级权责边界，让基层清楚"该干什么、不该干什么"。例如，湖南省长沙市靖港镇给职责权限"划界"，取消42项不应由村级组织开具证明的事项，最大幅度地减少证明盖章、统计报表等纸质材料，方便群众办事，减轻基层负担。各类APP登记注册不再向村镇基层分摊任务，让基层干部解放双手办实事、解放大脑谋发展，基层一线工作活力全面提升。[1]首先，要制定权责清单，列出基层工作权责清单、范围清单，明确各方职责，实现责任分明、各尽其力。其次，要对清单进行动态管理，根据实际情况及时调整和优化，确保职责的合理性和有效性，压缩工作模糊空间地带，防止责任转嫁。最后，要开展调研摸底，了解基层负担所在和干部群众的需求，为明确权责提供依据，使基层减负工作更具针对性和实效性。明确的权责边界让基层干部清楚知道自己的工作任务和责任，能够增强其责任感和使命感，激发他们干事

---

[1] 参见《长沙市望城区靖港镇：展开"三大行动　五大工程"为基层减负赋能》，红星网2024年5月11日。

创业的积极性和主动性，为经济发展贡献更大力量。

强化基层治理，为基层松绑减负，推动数字技术与治理深度融合是关键。习近平总书记指出，运用大数据、云计算、区块链、人工智能等前沿技术推动城市管理手段、管理模式、管理理念创新。黑龙江省佳木斯市推出的"佳数达"综合数据核验平台，依托数字政府共性支撑能力，整合多渠道数据，开发了批量核验、场景定制等五大功能，成功查询数据近6万条，调用接口量近40万次，辅助基层办理事项近3000件次，实现了从"分头填报"到"统一渠道"的转变，大大减轻了基层负担。[①]要强化顶层设计，各地应依据自身经济特色与发展阶段，制定专属的数字化治理战略蓝图，明确各阶段目标任务。要夯实数字基础设施，推进大数据建设，建立基础数据全面和标准统一的基层治理平台，进一步优化在线政务资源。打破部门间的数据壁垒，推动数据共享和业务协同，简化工作流程、提高办事效率。要把人才培养作为点亮数字化治理的智慧火种。智能人才队伍是推进数字化赋能基层社会治理的保障。建立从基础教育到职业培训系统化的教育培训体系，全面提升治理人才的技术素养和实践能力。职业培训和继续教育应注重与数字经济的发展相结合，提升基层干部的技术应用能力和治理水平。

切实减少不必要的会议与文书工作，为基层干部松绑减压。

---

[①] 参见才萌：《黑龙江佳木斯：数字赋能基层减负 "佳数达"平台实现政务服务新跨越》，新华网2024年12月26日。

# 第十三章
## 确保决策部署落到实处

习近平总书记指出，把干部干事创业的手脚从形式主义、官僚主义的桎梏、"套路"中解脱出来，形成求真务实、清正廉洁的新风正气。2024年8月，中共中央办公厅、国务院办公厅印发《整治形式主义为基层减负若干规定》，对精简文件、精简会议、统筹规范督查检查考核等进行了明确规定，旨在让基层干部摆脱文山会海、"稿来稿去"等形式主义桎梏，从繁文缛节、迎来送往中解脱出来，确保有更多时间抓工作落实。当前，有的地方层级过多，部门职能交叉，凡事层层审批、层层报材料，造成资源浪费和内耗；有的基层干部面对繁杂的内部程序，平时忙于"找领导、跑流程、等签字"，既考验群众耐性又消磨干部工作积极性。必须把"减"和"简"的要求抓准抓实，严控文件数量、提升文件质量，大力提倡少开会、开短会、开管用的会；坚持精简、高效原则，精简办事环节和过程性材料，减少非必要审核事项，将工作流程科学化、简易化；突出数据赋能，打破传统工作模式，创新构建大数据平台和网络系统，打通数字壁垒，减少跨部门、跨层级间的沟通、对接事项。

为基层减负，需要建立行之有效、快速高效的反馈监督渠道。基层减负工作成效如何，基层干部和群众感受最深刻，也最有发言权。必须深入基层开展调查研究，了解基层的实际负担和问题所在。例如，湖南省桃江县纪委监委通过深入基层蹲点调研"解剖麻雀"，聚焦"指尖上的形式主义""数据多头报送""盖章跑多次"等加重基层负担的问题，有针对性地督促相关单位进行整改，切实减轻了基层干部的负担。①一方面，要倡导基层发声，通过定期开展问卷调查、座谈会等活动，主动了解基层的诉求和期望，及时发现并解决基层减负工作中存在的问题，不断优化减负措施。另一方面，要强化社会监督，鼓励企业、群众监督减负落实情况，对违规增加基层负担行为公开曝光、严肃问责，以设立举报热线、网络平台反馈区等形式保障监督落地。通过综合举措协同发力、共同监督、动态调整，让为基层松绑减负的长效机制在经济建设中真正扎根，激发基层活力，推动经济高质量发展。

## 三

## 坚持求真务实

求真务实是中国共产党人的重要思想和工作方法。求真务实才能真抓实干。必须下大力气坚决纠治形式主义、官僚主义，坚持因地制宜，从实际出发解决问题，以工作实绩和发展实效，确保如期完成经济社会发展目标任务。

把握经济发展规律是坚持求真务实的关键。经济规律是逻辑

---

① 参见杨璐：《湖南健全机制打通基层监督"神经末梢" 完善制度促进治理看实践》，中央纪委国家监委网站2023年9月20日。

## 第十三章
### 确保决策部署落到实处

性和历史性的有机统一,把握经济规律才能更好地顺应时代发展,推动经济社会不断进步。2024年中央经济工作会议对2024年经济工作的总结以及对2025年经济工作的部署,正是基于对我国当前"国内生产总值稳居世界第二位""经济结构不断优化""数字经济等新兴产业蓬勃发展"等经济形势的准确把握。要深入学习习近平经济思想,深入贯彻落实2024年中央经济工作会议精神。要关注宏观经济数据,追踪GDP增速、失业率、通货膨胀率等数据,洞察经济所处周期阶段,及时调整经济政策和发展策略。要研究产业变迁历程,看清从农业主导到工业崛起,再到如今服务业、高新技术产业蓬勃发展,产业结构不断升级的变迁现状。要分析国际经济形势,根据自身的经济状况、国际经济环境等因素综合考虑,制定灵活而务实的应对策略。

务实的工作作风至关重要。务实的工作作风能够确保经济政策和相关部署的有效落实,避免形式主义和官僚主义带来的资源浪费与效率低下。我们必须清醒地认识到,当前经济建设中仍有一些与务实要求相悖的现象。部分官员热衷于政绩工程,重形式大于重实效,大搞形象包装,数据造假,使一些地方经济呈现虚假繁荣,误导政策走向;个别企业急功近利,以次充好、恶意竞争,破坏市场生态。只有秉持务实精神,深入基层调研,了解企业的真实困境、民众的消费痛点以及产业的细微脉络,才能拨开迷雾,作出切合实际的决策。近年来,互联网创业潮起潮落,一些企业为博眼球、追热点,大搞概念炒作,忽视产品核心竞争力的打磨、商业模式的落地可行性。企业只有专注技术研发，耐心优化用户体验，稳扎稳打拓展市场，才能在电商、社交、移动支付等领域筑起行业丰碑。以推进乡村振兴为例，只有依托农业农村特色资源，推动乡村产业全链条升级，才能以产业振兴促进乡村全面振兴。

人民群众是历史的创造者，充分发挥人民群众的主体作用，是推动经济持续健康发展的关键所在。习近平总书记指出："要尊重人民群众首创精神，不断从人民群众中汲取经济特区发展的创新创造活力。"[①]2024年，深圳地区生产总值36801.87亿元，同比增长5.8%。[②]这一成绩的取得离不开深圳人民的拼搏与创新。在经济建设中，要尊重人民群众的首创精神，汲取群众的聪明才智和力量，激发市场活力和社会创造力。同时，经济建设还需紧紧依靠人民群众，充分调动人民群众的积极性、主动性和创造性。在脱贫攻坚战中，数百万扶贫干部深入贫困地区，与贫困群众并肩作战，共同探索脱贫致富的道路。到2020年底，中国近1亿农村贫困人口全部脱贫，832个贫困县全部摘帽，12.8万个贫困村全部出列。这是人类减贫史上的伟大奇迹，也是人民群众力量的生动体现。在经济建设中发挥人民群众的主体作用，还需要不断提高人民群众的素质和能力，为其参与经济建设创造良好的条件和环境。

坚持问题导向是求真务实的必然要求。问题是时代的声音，坚

---

① 习近平：《在深圳经济特区建立40周年庆祝大会上的讲话》，《人民日报》2020年10月15日。

② 参见沈勇：《2024年深圳GDP实现36801.87亿元》，《深圳特区报》2025年1月27日。

# 第十三章
## 确保决策部署落到实处

持问题导向是马克思主义的鲜明特点，也是我们党重要的思想方法和工作方法。当前，我国经济发展面临国内需求不足、部分企业生产经营困难、群众就业增收面临压力等问题，这些制约着经济的高质量发展。只有正视并解决这些问题，有针对性地制定解决方案，才能推动经济持续健康发展。首先，要敢于正视问题，善于发现问题。习近平总书记要求我们增强问题意识，聚焦实践遇到的新问题、改革发展稳定存在的深层次问题、人民群众急难愁盼问题等。例如，在经济结构调整中，要敏锐发现传统产业升级面临的困境，以及新兴产业发展的瓶颈。其次，要精准分析问题，坚持具体问题具体分析，从个性问题中寻找共性问题，把握要害问题。例如，面对经济发展不平衡不充分问题，要深入分析其在不同地区、不同行业的具体表现，找出制约整体发展的关键因素。最后，要有效解决问题，跟着问题走、奔着问题去，把解决问题作为打开工作局面的突破口。正如习近平同志曾强调的："每个时代总有属于它自己的问题，只要科学地认识、准确地把握、正确地解决这些问题，就能够把我们的社会不断推向前进。"①

---

① 习近平：《之江新语》，浙江人民出版社2007年版，第235页。

## 四

## 增强协调联动，形成抓落实合力

让各项政策落地见效，是一项复杂的系统工程。当前，我国经济已进入高质量发展阶段，面临着战略机遇与风险挑战并存的局面，周期性、结构性和体制性问题相互叠加。只有增强协调联动，狠抓落实，才能整合各方资源，形成强大合力，有效应对各种风险挑战，推动经济持续健康发展。

增强政策协同配合。要增强宏观政策取向一致性，宏观政策和微观政策、财政政策和货币政策、经济政策和非经济性政策等都要加强协调配合，避免政策"打架"。政策协同配合至关重要。例如，加强财政政策与产业政策的协同配合，在支持战略性新兴产业、高端制造业等重点产业发展领域，财政政策可以通过税收优惠、财政补贴、政府投资基金等方式，引导资金流向；产业政策可以明确产业发展的方向和重点，为财政资金的投入提供指导。加强财政政策与就业政策的协同配合，财政政策可以提供资金支持，加大对职业培训的投入，提高劳动者的技能水平和就业能力；就业政策则可以根据市场需求和产业发展方向，制定职业培训的规划和标准，引导培训机构开展针对性培训课程。二者的协同配合，可以提高劳动者的就业质量，满足企业对高素质劳动力的需求。加强财政政策与消费政策的协同配合，财政政策可以通过发放消费券、给予消费补贴等方式，刺激居民的消费需求；消费政策则可以引导居民树立正确的消费观念，促进消费升级。①

促进区域协调发展。习近平总书记强调："我国幅员辽阔、人口众多，各地区自然资源禀赋差别之大在世界上是少有的，统筹区域发展从来都是一个重大问题。"②以长三角地区发展为例，长江经济带覆盖11个省市，经济总量接近全国的一半，具有横贯东西、承接南北、通江达海的"黄金水道"独特优势；其中，长江经济带下游的长三角地区三省一市是我国经济最活跃、开放程度最高、创新能力最强的区域之一。2024年7月，党的二十届三中全会通过的《中共中央关于进一步全面深化改革、推进中国式现代化的决定》强调"完善实施区域协调发展战略机制"，要求推动长三角地区更好发挥高质量发展动力源作用，优化长江经济带发展机制。促进区域协调发展，精准定位是前提，要摸清经济脉搏，洞察产业痛点与民生需求，找准协调发展的发力点；信息共享是关键纽带，要搭建跨区域协作大数据平台，让财政、金融、产业等数据实时交互；统一执行是最终落脚点，区域协调发展落地需各方统一行动节

---

① 参见王镜榕：《确保财政政策与其他宏观政策一起协同高效发力》，中宏网2024年12月9日。

② 习近平：《推动形成优势互补高质量发展的区域经济布局》，《求是》2019年第24期。

读懂中国经济的优势和未来

↑长三角地区是我国经济发展最活跃、开放程度最高、创新能力最强的区域之一，在国家现代化建设大局和全方位开放格局中具有举足轻重的战略地位。图为长江三角洲鸟瞰图　中新图片 / 孙自法

## 第十三章
### 确保决策部署落到实处

奏，确保政策从纸面到实践不走样、不拖延，以雷霆万钧之势推动经济稳健前行。

加强部门沟通协作。马克思认为："许多人在同一生产过程中，或在不同的但互相联系的生产过程中，有计划地一起协同劳动，这种劳动形式叫做协作。"①这充分说明了协作在生产中的基础性作用，而部门间的沟通协作更是经济建设高效推进的关键。习近平总书记强调"加强党对经济工作的领导"②，这为经济建设中各部门加强沟通协作指明了方向。如在构建全国统一大市场的过程中，从制定《中共中央、国务院关于加快建设全国统一大市场的意见》，到出台《建设全国统一大市场部署总体工作方案》等，都是在党中央的统一部署下，是多部门协同推进的成果，这一重大决策部署涉及培育全国一体化技术和数据市场、构建城乡统一的建设用地市场等方面。各部门只有加强沟通协作，才能打破地方保护和市场分割，营造更加公平公正的市场环境。加强部门沟通协作，需建立有效的沟通机制，共同促进"高效办成一件事"，加强跨部门政策、业务、系统协同和数据共享，推动线下办事"只进一门"，线上办事"一网通办"，让企业和群众办事更便捷。同时，要充分发挥地区、部门各自优势，实现资源共享与互补。例如，青海省打造了"税联商企"协作模式，国家税务总局青海省税务局与青海省工商联等多方

---

① 《马克思恩格斯选集》第2卷，人民出版社2012年版，第207页。

② 习近平：《中国共产党领导是中国特色社会主义最本质的特征》，《求是》2020年第14期。

联动，共建信息互通、战略对话、联络专员机制，通过向工商联执常委企业派驻"税费管家"等方式，为企业提供多元化、精细化、个性化服务。

一分部署，九分落实。确保党中央决策部署落到实处，需要各级领导干部和广大群众思想统一、行动统一、方向统一，心往一处想，劲往一处使，齐心协力、真抓实干、群策群力、合力攻坚，发扬钉钉子精神，一锤接着一锤敲，确保各项决策部署落地生根、开花结果。只有这样，才能不断推动经济建设取得新成效，为以中国式现代化全面推进强国建设、民族复兴伟业奠定坚实的物质基础。

## 后 记

  2024年，面对国内外形势带来的挑战，以习近平同志为核心的党中央团结带领全党全国各族人民，沉着应变、综合施策，顺利完成经济社会主要目标任务，高质量发展扎实推进，中国式现代化迈出新的坚实步伐。2024年中央经济工作会议全面总结了2024年经济工作，分析了当前经济形势，对2025年经济工作作出了具体部署。我们编写此书旨在深入贯彻2024年中央经济工作会议精神，回应当前热点问题，帮助广大党员干部进一步把思想和行动统一到党中央决策部署上来，珍惜成绩、正视困难、坚定信心，通过不懈努力把各方面积极因素转化为发展实绩，实现2025年经济目标任务，开创事业发展新局面。程勤为本书主编，吴冰、彭克慧、姚芳、邵珣为副主编。本书的撰写得到了国防大学学科学术带头人洪保秀教授的精心指导，在此表示感谢。

本书各部分的撰稿人依次为：第一章，尤琳；第二章，武健；第三章，刘魏；第四章，傅伟；第五章，尚选彩；第六章，彭克慧；第七章，陈占霞；第八章，石秀秀；第九章，李峰；第十章，刘霏；第十一章，于莹莹；第十二章，孙波；第十三章，侯晨辉。程勤、邹谋智、朱芳仪进行了统稿和校对。本书在撰写过程中，参考借鉴了众多专家和学者的学术研究成果，在此一并表示感谢。由于时间仓促、水平有限，本书难免有疏漏及不足之处，恳请读者朋友批评指正。